KB191095

캘리브
레이션,

평가
너머의
세계

CALI BRA TION

캘리브레이션,

최익성

평가 너머의 세계

단단한 성과관리

plan b
DESIGN

People don't work to be evaluated, they work to grow

사람들은 평가받기 위해 일하는 것이 아니라, 성장하기 위해 일한다

캘리브레이션(Calibration)이란
**조직 내 기준을 정렬하고 조정하고 조율하는
조직관리 전 과정**이다.
캘리브레이션은 조직관리, 성과관리 자체를 의미한다.
일반적으로 캘리브레이션은
측정 기기의 기준점을 맞추는 과정을 의미한다.
이 책에서는 캘리브레이션을
성과관리 전체 과정으로 본다.
단순히 평가 시즌의 캘리브레이션 세션이나
평가위원회, 인사위원회 같은 것만으로 한정하지 않는다.

27명, 모든 걸 볼 수 없는 순간

리더가 되면 다 보인다.

누가 일을 잘하고, 누가 일을 못하는지.

누가 성과를 내고, 누가 성과를 내지 못하는지.

성과를 내고 스스로 잘해서 그런 줄 알고 득의양양한 사람, 성과를 내지 못하지만 미안한 마음을 가지고 더 잘하고 싶어 하는 사람, 성과가 없는 데도 불구하고 아무렇지도 않게 버티는 사람.

사실, 다 보인다.

적어도 처음에는.

구성원이 10명 정도일 때까지는 모든 것이 비교적 선명하다. 리더는 모든 사람의 성과를 직접 챙길 수 있고, 그들이 어떤 태도로 일하는지도 가깝게 관찰할 수 있다. 성과가 좋은 사람과 그렇지 않은 사람을 분류하는 것이 어렵지 않다. 잘하는 사람에게 더 큰 기회를 주고, 부족한 사람에게 피드백을 주면서 성장의 길을 열어주면 된다. 그렇게 하면 팀은 단단해지고, 성과는 따라오기 마련이다.

하지만 20명을 초과하는 순간부터 뭔가 어긋나기 시작한다. 여전히 잘하는 사람들은 눈에 들어온다. 그들이 어떤 방식으로 성과를 내는지, 무엇을 더 도와줘야 하는지도 비교적 명확하다. 그러나 성과가 부족한 사람들을 제대로 파악하는 것이 점점 어려워진다. 그들이 일을 잘 못하는 것인지, 아니면 단순히 기회가 부족했던 것인지 알기 힘들다. 누군가는 성과를 내고도 평가에서 밀리고, 누군가는 기대 이하의 퍼포먼스를 보이지만 팀장에게 높은 점수를 받는다.

그래서 성과를 정확히 기록하려고 다양한 툴을 사용해 본다. 회의록을 정리하고, 피드백을 남기고, 데이터를 축적한다. 하지만 바쁘다는 이유로 어느 순간 기록이 흐트러지고, 결국 익숙한 얼굴들만 평가 대상이 된다. 나도 모르게 중요한 몇 명만 챙기게 되고, 나머지 사람들은 평가 회의가 끝날 때쯤에서야 겨우 이름이 올라온다.

그러다 문득 깨닫는다.

"나는 지금 조직 전체를 바라보는 것이 아니라, 익숙한 몇몇 사람들만 보고 있다."

리더가 혼자 모든 것을 볼 수 있는 규모는 정해져 있다. 어느 순간부터는 **다 보이는 것이 아니라, 보이는 것만 보이게 된다.** 성과가 부족한 사람들을 돕고 싶어도, 그들이 어디에서 어려움을 겪는지 파악하는 것이 어려워진다. 누군가는 조용히 성장하고 있지만 눈에 띄지 않고, 누군가는 소리 높여 자신의 성과를 강조하며 주목을 받는다.

사업은 계속 확장된다. 다음 주에는 경력직 한 명, 신입 한 명, 인턴 한 명이 합류한다. 이제 곧 30명이 되고, 올해가 끝나기 전에 50명을 넘을지도 모른다. 이제 더 이상 시간을 갈아 넣을 수도, 모든 것을 직접 챙길 수도 없다.

그렇다면, 이제 리더는 무엇을 해야 하는가? 성과평가는 더 이상 숫자가 아니라 방향이 되어야 한다. 조직을 움직이게 만드는 것은 등급이 아니라 의미이다

많은 리더들이 이 지점에서 혼란을 겪는다. 성과관리는 단순히 평가를 하는 것이 아니라 조직을 정렬하는 과정이어야 하지만, 규모가 커질수록 개인의 성과를 하나하나 살피는 것이 어려워진다. 그리고 어느새 리더는 데이터를 정리하는 것조차 힘겨워지며, 결국 일부 고성과자들만 평가 대상이 되고 나머지는 흐려진다. 하지만 리더는 모든 구성원의 성과를 명확히 인식해야 하며, 공정하게 평가해야 한다는 부담감에서 벗어날 수 없다. 그렇다면 해결책은 무엇인가? 어떻게 하면 성과평가를 등급 조정이 아닌, 조직의 방향을 맞추는 과정으로 만들 수 있을까?

이 책은 리더가 더 이상 '모든 걸 볼 수 없는 순간'을 맞이했을

때, 어떻게 성과관리를 해야 하는지를 다룬다. 단순히 개별적인 평가 기준을 만드는 것이 아니라, 조직 전체의 방향성과 개인의 성과를 연결하는 방법을 설명한다. 많은 리더들이 공정한 평가를 고민하지만, 사실 성과관리는 등급 조정이 아니라 방향 정렬이 되어야 한다. 중요한 것은 구성원이 A등급인지 B등급인지가 아니라, 조직이 나아가려는 방향에 맞게 구성원의 성과를 정리하고, 필요한 지원을 제공하는 것이다.

이 책에서는 캘리브레이션을 통해 조직의 성과를 효과적으로 정렬하는 방법을 구체적으로 설명한다.

1부에서는 리더가 성과평가를 바라보는 방식부터 다시 점검해야 한다는 점을 강조한다. 단순히 등급을 매기는 것이 아니라, 조직의 방향성과 맞물려 구성원의 성장을 설계해야 한다. 그리고 성과관리를 통해 리더십을 어떻게 발휘할 것인지, 기존의 평가 방식이 왜 한계를 가질 수밖에 없는지를 설명한다.

2부에서는 캘리브레이션 미팅을 운영하는 구체적인 방법을 다룬다. 단순히 성과 데이터를 나열하는 것이 아니라, 어떻게 의미를 정렬하고 방향을 맞추어야 하는지, 평가를 공정하고 객관적으로 운영하기 위한 실질적인 전략을 소개한다. 특히 캘리브레이션 미팅을 망치는 일곱 가지 사례를 통해, 리더들이 흔히 빠지는 오류를 짚고 효과적인 캘리브레이션 미팅 운영 방안을 제시한다. 또한, 성과가 애매한 구성원들을 어떻게 평가하고 조정할 것인지, 평가 이후에 피드백을 어떻게 제공해야 하는지 등 실질적인 성과관리 기술을 설명한다.

3부에서는 캘리브레이션을 조직의 성과문화로 정착시키는 방법을 설명한다. 성과관리가 단순한 연례 행사가 아니라, 조직이 지속적으로 성장하는 과정이 되려면 어떻게 해야 하는지, 리더가 성과관리를 통해 조직의 미래를 어떻게 설계할 수 있는지를 다룬다. 많은 리더들이 평가를 피드백과 연결하는 방법을 고민하지만, 캘리브레이션이 제대로 운영된다면 평가 자체가 곧 조직을 성장시키는 중요한 도구가 된다.

이 책을 읽고 나면 성과평가가 단순한 등급 조정이 아니라 조직을 정렬하는 과정이라는 점을 이해하게 될 것이다. 그리고 리더가 평가를 통해 조직을 성장시키는 법을 배우게 될 것이다. 이제 리더의 역할은 모든 개별 성과를 직접 평가하는 것이 아니라, 팀이 올바른 방향으로 가고 있는지를 확인하는 것이다. 조직이 커질수록 리더는 모든 것을 볼 수 없지만, 중요한 것만 볼 수 있는 법을 배워야 한다.

당신이 조금 괜찮은 리더가 되길 바라며 이 책을 쓰지 않았다. 당신이 단단한 조직을 이끄는 리더가 되길 바라는 마음으로 글을 썼다. 당신이 구성원들에게 존중을 넘어 존경을 받고, 더 나아가 추앙받는 탁월한 리더가 되길 바라는 마음으로 썼다.

이 책은 리더가 더 이상 "모든 걸 볼 수 없는 순간"에 해야 할 일에 대한 이야기다.

- 우리 조직은 지금 어디로 가고 있는가?
- 각 구성원의 성과는 그 방향과 연결되어 있는가?
- 나는 리더로서 구성원을 성장시키고 있는가?

구성원이 5명, 10명일 때는 리더가 모든 것을 파악하고 직접 관리할 수 있다. 하지만 27명을 넘어가면 이야기가 달라진다. 리더 혼자서 모든 성과를 평가하고, 피드백을 주고, 조정하는 것은 불가능하다. 이제 리더십의 방식이 달라져야 할 시점이다. 왜, 스물일곱 명인가? 골든타임이기 때문이다. 조직에 따라서 20명에서 40명 사이가 될 수도 있다. 30명을 넘기 전에 준비해야 한다.

더 이상 한 사람 한 사람을 세밀하게 살피는 것이 현실적으로 어려울 때 리더는 무엇을 해야 하는가? 이제는 숫자를 맞추는 것이 아니라 의미를 정렬하는 것이 중요하다. 조직을 움직이게 만드는 것은 등급이 아니라 방향이다. 개인의 성과를 바라보는 것이 아니라 조직 전체의 성과를 바라보아야 한다.

이 책을 통해 괜찮은 리더를 넘어 조직을 성장시키는 리더, 구성원에게 의미를 부여하는 리더, 그리고 구성원들이 함께 따르고 싶은 리더가 되는 길을 찾게 될 것이다. 리더로서 모든 것을 다 볼 수 없다는 사실을 인정하고, 더 중요한 것에 집중하는 법을 배우게 될 것이다.

차례

파트 1

리더는 등급을 매기는 사람이 아니다

파트 2

캘리브레이션, 시작과 마무리

파트 3

※

루틴을 만들어야 문화가 된다

파트

1

리더는
등급을 매기는 사람이
아니다

1장

평가를 넘어
성장을 설계한다

평가가 목적이 되는 순간 조직은 멈춘다

성과관리는 성과를 관리하는 것이다. 말 그대로다. 하지만 이
렇게 말하면 너무 당연하게 들린다. 그래서 사람들은 성과관리
에 대해 여러 가지 정의를 내린다.

"성과관리는 목표를 설정하고, 이를 달성하기 위한 과정과 결과를 측
정하고 평가하는 체계적인 활동이다."(Aguinis, 2013)

"조직의 전략적 목표와 개인의 업무 성과를 정렬하여 지속적인 성장

을 이루는 과정이다."(Armstrong & Baron, 2005)

"성과관리는 조직의 목표를 효과적으로 달성하기 위해 개인과 팀의 역량을 극대화하는 과정이다."(Pulakos, 2009)

맞는 말이다. 논리적으로 보면 그렇다. 하지만 이런 정의를 읽고 나면 성과관리를 더 잘할 수 있을 것 같은가? 성과관리를 고민하는 리더들은 이런 정의를 몰라서 어려움을 겪는 것이 아니다. 성과가 나오지 않기 때문에 고민하는 것이다. 만약 성과가 잘 나오고 있다면 성과관리를 따로 고민할 필요가 없다. 그냥 둬도 된다. 하지만 성과가 부족하거나 기대만큼 나오지 않는다면 이야기가 달라진다.

성과관리는 거창한 것이 아니다. 그냥 일이다. 일이란 목적지가 있고, 현재가 있다. 성과관리는 목적지를 향해 가는 과정에서 리더가 해야 하는 당연한 일이다. 많은 사람이 함께 간다. 그러니 **누구와 갈 것인지, 누구와 가지 말아야 할지 결정해야 한다. 함께 가야 한다면 누가 무엇을 하고, 누가 무엇을 해야 하는지 정해야 한다. 누가 공헌하고 있는지, 누가 부족한지 알아야 한다. 누가 의지가 있는지, 누가 성과가 없는지 파악해야 한다. 그래서 키울 것인지, 기다릴 것인지, 내보낼 것인지 결정해야 한다.** 그게 성과관리이고 조직관리다. 그게 리더십이다.

모든 것은 단순하다. 일이 되게 해야 한다. 리더가 해야 하는 일이다. 문제는 일이 되게 해야 하는데, 이게 내 마음대로 되지 않는다는 것이다. 리더의 역할은 성과를 관리하는 것이다. 성과는 사람을 통해 나온다. 그런데 사람이란 변수 투성이다. 만약 구성원이 모두 똑같은 능력과 의지를 가지고 있다면, 성과관리는 어렵지 않을 것이다. 하지만 현실은 그렇지 않다.

어떤 사람은 성과를 낸다. 그것이 온전히 자신의 능력 덕분이라고 믿는다. 팀이 도와준 것은 생각하지 않는다. 조직의 존재를 부정한다. 그냥 본인이 잘한 것이다. 어떤 사람은 성과를 내지 못한다. 하지만 미안해하고, 더 잘하고 싶어 한다. 이 사람은 아직 기회가 부족한 걸까? 아니면 정말 능력이 부족한 걸까? 어떤 사람은 성과를 내지 못하면서도 뻔뻔하다. 핑계를 대고, 책임을 회피한다. 어떤 때는 능력이 부족한 사람보다 더 위험한 유형이다. 이 사람을 계속 데리고 가야 할까?

어떤 사람은 조용히 기여하고 있지만 눈에 띄지 않는다. 성과를 내는 사람들보다 낮은 점수를 받을 수도 있다. 하지만 장기적으로 보면 조직에 없어서는 안 될 사람일 수도 있다. 이 사람을 어떻게 평가해야 할까? 리더는 이런 상황 속에서 결정을 내려야 한다. 누구에게 더 많은 기회를 줄 것인가? 누구를 키울 것인가? 누구를 기다릴 것인가? 누구를 내보낼 것인가?

이 모든 결정이 조직의 성과를 좌우한다. 그리고 이게 바로 성과관리의 본질이다. 많은 사람들이 성과관리를 평가 시스템으로 이해한다. 하지만 성과관리는 단순한 평가가 아니다. 성과관리의 목적은 성과를 만드는 것이다. 그리고 그것은 사람을 통해 이루어진다.

리더가 성과관리를 잘하면, 조직은 성과를 낸다. 리더가 성과관리를 못하면, 조직은 흔들린다. 결국 성과관리는 리더십의 문제다. **리더는 성과를 평가하는 사람이 아니다. 리더는 성과가 만들어지도록 조정하는 사람이다. 조직이 어디로 가야 하는지 정하고, 그 방향으로 갈 수 있도록 구성원을 정렬하는 것이 리더의 역할이다.**

성과관리는 팀을 구성하는 것이고, 팀이 성과를 낼 수 있도록 환경을 만드는 것이며, 성과가 지속될 수 있도록 시스템을 정비하는 것이다. 즉, 성과관리는 리더십 그 자체이다. 성과관리는 복잡해 보이지만, 결국 세 가지 질문으로 정리된다.

- **우리 조직은 지금 어디로 가고 있는가?**
- **각 구성원의 성과는 그 방향과 연결되어 있는가?**
- **나는 리더로서 구성원을 성장시키고 있는가?**

이 질문에 답할 수 있다면, 성과관리는 어렵지 않다. 그리고 이 질문에 답하기 위해 필요한 것이 바로 캘리브레이션이다. 캘리브레이션은 단순한 등급 조정이 아니다. 캘리브레이션은 조직의 방향과 구성원의 역할을 맞추는 과정이다. 그리고 그것이 제대로 이루어질 때, 성과관리는 평가가 아니라 성장이 된다.

리더가 해야 할 일은 사람들에게 점수를 매기는 것이 아니다. 사람들이 제대로 움직이게 하는 것이다. 성과관리는 결국, 리더가 조직을 움직이는 방식이다.

출처

Aguinis, H.(2013). Performance management(3rd ed.). Pearson.
Armstrong, M., & Baron, A.(2005). Managing performance: Performance management in action. CIPD Publishing.
Pulakos, E. D.(2009). Performance management: A new approach for driving business results. Wiley.

등급 조정이 아니라 방향 정렬이 필요하다

성과평가는 리더의 도구다. 하지만 많은 리더들이 이 도구를 **목적**으로 착각한다.

성과를 관리한다고 하면 대부분 가장 먼저 떠올리는 것이 평가다. 평가를 해야 조직이 돌아가는 것 같고, 구성원들이 긴장하고 성과를 내기 위해 움직일 것 같기 때문이다. 하지만 리더가 평가만을 성과관리의 중심에 놓는 순간, 조직은 이상한 방향으로 흘러가기 시작한다. **평가를 위한 평가**가 되면, 성과를 향한 노력보다는 평가 결과를 신경 쓰는 문화가 자리 잡는다. 성과가 아니라 점수에 집착하는 분위기가 만들어지고, 결국 리더도 평가 그 자체에 매몰된다.

성과평가를 중요한 도구로 활용하는 것과 성과평가를 목적그 자체로 만드는 것은 다르다. 평가를 목적화하면 조직은 서서히 굳어간다. 리더가 던지는 질문이 바뀌기 때문이다. **"이 사람이 실제로 성과를 내고 있는가?"**에서 **"이 사람이 A등급인가, B등급인가?"**로 초점이 이동한다. 실제 성과가 중요한 것이 아니라 등급 자체가 중요해지는 순간, 조직의 방향성은 흔들리기 시작한다.

문제는 리더뿐만이 아니다. 구성원도 변한다. 평가가 조직에서 살아남는 기준이 되면, 사람들은 평가 점수를 높이는 데 집중한다. 본질적인 성과가 아니라 **리더가 원하는 점수를 받을 수 있는 행동**을 고민하기 시작한다. 실질적인 기여보다 **평가를 잘받기 위한 전략**이 조직 곳곳에서 작동하게 된다.

리더의 역할이 평가를 '공정하게' 하는 것으로 바뀌는 순간,

성과관리는 결국 '등급 조정'의 도구로 전락한다. 조직의 방향성과 무관하게, 평가 시즌이 되면 모든 구성원이 A, B, C로 나뉘고, 등급을 매기는 과정이 성과관리의 전부가 되어버린다. 그리고 리더는 점차 중요한 질문을 잊게 된다.

성과평가가 중심이 되는 조직에서는 다음과 같은 일들이 벌어진다.

첫째, **점수에 대한 불만이 쌓인다.** 누군가는 "나는 A를 받을 줄 알았는데 B를 받았다"고 불만을 터뜨린다. 어떤 사람은 "저 사람은 왜 A인가?"라고 묻는다. 결국 평가를 납득하지 못하는 사람들이 생기고, 평가를 할수록 조직 내부의 불만은 커진다.

둘째, **구성원이 평가받을 행동을 한다.** 평가 시즌이 다가오면 갑자기 열심히 일하는 사람들이 생긴다. 하지만 이들의 행동이 진짜 조직의 성장을 위한 것인지, 아니면 리더에게 좋은 점수를 받기 위한 것인지는 불분명하다. "이 사람이 정말 성과를 낸 것인가?"라는 질문보다 "이 사람이 평가에서 좋은 점수를 받을 만한 행동을 했는가?"라는 기준이 더 중요해진다.

셋째, **리더가 성과관리의 본질을 놓친다.** 성과관리의 목적은 조직이 목표를 달성하는 것이다. 하지만 평가를 기준으로 삼기 시작하면, 리더의 역할은 점차 '점수를 조정하는 사람'으로 바뀐다. 평가가 끝나면 리더는 안도한다. 평가 시즌을 무사히 넘겼다는 안도감이 조직의 성과를 챙긴 것 같은 착각을 불러일으킨다. 하지만 그 과정에서 구성원의 성장이나 조직의 방향성에 대한 고민은 점차 사라진다.

결국 성과평가는 필요하지만, 그것이 조직을 움직이는 본질적인 동력이 될 수는 없다. **평가는 리더가 성과를 관리하는 하나의 도구일 뿐, 성과관리의 목적 자체가 될 수 없다.**

평가는 성과를 관리하는 수단일 뿐, 본질적인 목적이 될 수 없다. 성과관리의 목적은 **성과를 만들어내는 것**이고, 그 과정에서 **사람을 성장시키는 것**이다. 리더는 평가를 활용하되, 그것을 절대적인 잣대로 사용해서는 안 된다.

리더가 성과관리를 제대로 하려면, **평가를 도구로 삼되 성장의 방향을 설정하는 역할을 해야 한다.** 평가 자체가 아니라 **팀이 성장하고 있는지, 방향이 맞는지, 사람들이 올바른 역할을 하고 있는지**를 끊임없이 점검해야 한다. 점수에 집중하는 것이 아니라 의미에 집중해야 한다.

평가는 필요하다. 하지만 평가는 단순한 숫자가 아니라 **팀이 어디로 가고 있는지를 점검하는 과정**이어야 한다. 조직이 성과를 내기 위해 무엇을 해야 하는지, 각 구성원이 조직의 목표와 얼마나 연결되어 있는지를 살펴보는 과정이 되어야 한다.

리더가 평가를 바라보는 태도가 바뀌면, 구성원도 변한다. 성과평가가 단순한 점수가 아니라 성장의 피드백이라는 것이 명확해질 때, 구성원은 평가 점수를 높이는 것이 아니라 **실제 성과를 높이는 데 집중하게 된다.** 그 순간, 조직은 평가 중심이 아니라 **성장 중심의 조직**으로 바뀐다.

결국 리더가 던져야 할 질문은 하나다.

"나는 지금 사람을 평가하고 있는가? 아니면 사람을 성장시키고 있는가?"

이 질문에 대한 답이, 리더의 역할을 결정한다.

캘리브레이션은 성과관리 방법론이다

평가는 끝났다. 등급이 정해지고, 점수가 매겨졌다. 성과가 좋은 사람은 높은 점수를 받았고, 부족한 사람은 낮은 점수를 받았다. 이제 조직은 더 나아질까? 대부분의 경우, 그렇지 않다. 평가를 했다고 해서 사람들이 갑자기 성장하는 것도 아니고, 조직이 자동으로 개선되는 것도 아니다. 오히려 평가가 끝난 후 아무 일도 바뀌지 않는 경우가 더 많다.

성과가 부족했던 사람은 여전히 부족하고, 성과를 냈던 사람은 계속해서 성과를 낸다. 높은 점수를 받은 사람은 그대로 높은 점수를 받을 가능성이 크고, 낮은 점수를 받은 사람은 다음 평가에서도 같은 결과를 받는다. 결국 조직은 성과를 내는 사람만 성과를 내는 구조로 고착된다. 문제는, 이런 패턴이 반복될수록 조직이 스스로 변화할 수 있는 기회를 잃어버린다는 것이다.

평가는 한 해를 정리하는 과정이지만, 동시에 다음 해를 준비하는 과정이어야 한다. 그런데 평가 후에 아무것도 바뀌지 않는다면, 그 평가는 단순한 기록에 불과하다. 점수와 등급을 정리한 문서가 남을 뿐, 조직의 방향도 바뀌지 않고, 개인의 성장도 일어나지 않는다. 오히려 점수 때문에 위축되는 사람들이 생기고, 리더에게 실망하는 사람들이 생기며, 성과에 대한 관심이 점점 낮아질 뿐이다.

리더가 해야 할 일은 점수를 조정하는 것이 아니다. 성과가 부족한 사람이 왜 부족한지, 성과를 내는 사람은 어떤 기회를 더 가져야 하는지, 팀 전체가 어떻게 더 높은 성과를 낼 수 있을지를 고민하는 것이 리더의 역할이다. 평가가 끝났다는 것은 이제 방향을 다시 정리해야 한다는 의미다.

평가가 끝난 후 조직이 변화하지 않는 이유는 리더가 평가 이후에 무엇을 해야 하는지 고민하지 않기 때문이다. 평가 자체가 목표가 되어버린 조직에서는 등급이 정해지는 순간, 성과관리는 끝이 난다. 하지만 성과관리는 평가 시즌이 아니라 **평가 이후**에 시작되어야 한다. 평가가 끝났다면 이제 다음을 준비해야 한다.

리더는 구성원에게 단순한 점수가 아니라, 앞으로 어떤 방향으로 나아가야 하는지 이야기해야 한다. 성과가 부족했던 사람이 성장할 수 있도록 기회를 제공해야 하고, 성과를 냈던 사람은 더 큰 목표를 향해 도전할 수 있도록 도와야 한다. 그래야 평가가 단순한 숫자가 아니라, 조직이 성장하는 도구가 될 수 있다.

캘리브레이션이 필요한 이유는 바로 여기에 있다. 조직이 제대로 성장하려면 구성원 개개인의 역할을 다시 정리하는 과정이 필요하다. 단순히 성과가 좋은 사람에게 보상을 주고, 성과가 낮은 사람을 기다리는 것이 아니라, 지금 이 시점에서 어떤 변화를 만들어야 하는지를 결정해야 한다.

성과가 부족했던 사람이 왜 부족한 것인지, 성과가 좋은 사람은 어떤 부분에서 더 성장할 수 있는지, 조직이 제대로 된 방향으로 가고 있는지. 이 모든 것을 다시 정리하는 과정이 없으면,

평가 후에도 조직은 그대로일 수밖에 없다.

캘리브레이션은 단순한 등급 조정이 아니다. 등급이 중요한 것이 아니라, 방향을 맞추는 것이 중요하다. 누가 어떤 역할을 맡아야 하는지, 누구를 키워야 하고, 누구에게 새로운 기회를 줄 것인지, 조직의 방향성과 개인의 성장이 연결되는 과정이 캘리브레이션이어야 한다.

리더가 던져야 할 질문은 이것이다.

"나는 지금 점수를 조정하고 있는가? 아니면 팀을 성장시키고 있는가?"

캘리브레이션은 점수가 아니라 **팀의 방향을 정렬하는 과정**이어야 한다. 그것이 제대로 작동하는 순간, 평가 시즌이 끝난 후에도 조직은 계속해서 성장할 수 있다.

2장

조직 규모가 커지면
성과관리도 달라진다

소규모 팀과 대규모 조직은 완전히 다른 생태계다

성과관리는 조직의 규모에 따라 달라져야 한다. 팀이 작을 때와 클 때, 리더의 역할은 같아 보이지만 실제로는 완전히 다른 방식으로 작동한다. 작은 팀에서는 리더가 구성원 개개인의 성과를 직접 파악할 수 있다. 누가 어떤 일을 하고 있는지, 어디에서 어려움을 겪고 있는지 쉽게 알 수 있다. 리더가 직접 피드백을 주고 방향을 조정하는 것이 가능하다.

하지만 팀의 규모가 커지면서 이 방식은 점점 한계를 드러낸다. 구성원이 10명, 20명을 넘어서기 시작하면 리더 혼자서 모든 사람의 성과를 세밀하게 관리하는 것이 불가능해진다. 어떤 구성원은 자연스럽게 눈에 띄지만, 어떤 구성원은 조용히 성과를 내고 있음에도 리더의 시야에서 벗어나게 된다. 결국 리더는 익숙한 몇몇 구성원에게만 집중하게 되고, 나머지는 '평균적인 사람'으로 묶여버리는 상황이 발생한다.

조직이 성장하는 과정에서 가장 큰 문제는 **모든 구성원을 동등하게 인식할 수 없다는 점**이다. 리더가 관리할 수 있는 범위를 넘어서게 되면, 결국 일부 사람들만 보이고 나머지는 흐려진다. 성과를 내는 사람들은 계속 기회를 얻고, 존재감이 약한 사람들은 점점 더 리더의 관심에서 멀어진다. 그리고 시간이 지나면서 조직은 '성과를 내는 사람'과 '그냥 있는 사람'으로 나뉘게 된다.

그렇다면 팀의 규모가 커졌을 때, 리더는 어떤 방식으로 성과 관리를 해야 할까? 가장 중요한 것은 **성과를 파악하는 방법을 바꿔야 한다는 것**이다. 작은 팀에서는 리더가 모든 것을 직접 볼 수 있지만, 규모가 커지면 '보이는 것만 보이게 된다.' 여기서 리더가 해야 할 일은 **보이는 것을 넘어, 중요한 것을 볼 수 있는 시스템을 만드는 것**이다.

문제는, 많은 리더들이 이 변화의 필요성을 깨닫지 못한다는 것이다. 작은 팀을 이끌 때와 같은 방식으로 큰 조직을 운영하려다 보면, **눈에 보이는 일부 사람들에게만 집중하고 나머지는 방치하는 실수를 하게 된다.** 이렇게 되면 성과관리가 '공정한 평가'가 아니라 '익숙한 사람들에 대한 평가'가 되어버린다.

리더가 직접 모든 사람을 평가하는 것이 불가능해졌다면, 이제는 **평가의 기준을 정비하고, 성과를 관리하는 방식 자체를 바꿔야 한다.** 팀장이 개별적으로 성과를 관리할 수 있도록 가이드를 제공하고, 성과의 기준을 명확하게 설정하며, 성과평가가 '등급 매기기'가 아니라 '방향을 맞추는 과정'이 되도록 해야 한다.

팀의 규모가 커질수록, 성과관리는 더 이상 개인적인 일이 아니라 **시스템의 문제**가 된다. 누가 성과를 내고 있는지, 누가 성장할 가능성이 있는지, 누가 조직의 방향과 맞지 않는지를 파악하려면, 리더 혼자 모든 것을 판단하는 것이 아니라 조직의 시스템을 활용해야 한다.

많은 리더들이 조직이 커질수록 성과관리가 어려워진다고 말한다. 하지만 정확히 말하면, 조직이 커지면서 성과관리를 기존 방식대로 할 수 없게 되는 것이다. 작은 팀에서는 '잘 보이는 사람'을 관리하는 것만으로도 충분하지만, 큰 조직에서는 '보이지 않는 사람'까지 포함한 전체적인 조정이 필요하다.

그렇다면 리더는 어떤 질문을 던져야 할까? 이제는 '누가 성과를 내고 있는가?'라는 질문을 넘어서, '누가 성과를 낼 수 있는 환경을 만들어야 하는가?'로 시각을 전환해야 한다. 성과를 내는 사람에게 더 많은 기회를 주는 것도 중요하지만, 아직 성과를 내지 못한 사람들이 어떤 지원이 필요한지를 파악하는 것이 더 중요하다.

조직이 성장하면서 성과관리를 잘못하면, 결국 일부 사람들에게만 집중하고 나머지는 잊히게 된다. 그러면 조직의 성장도 멈추고, 리더의 영향력도 점점 줄어든다. 하지만 성과관리 방식을 바꾸면, 조직 전체가 성장할 수 있는 기반을 만들 수 있다.

팀이 커지면서 리더의 역할은 단순한 평가자가 아니라, **시스템을 만드는 사람**으로 변화해야 한다. 성과를 직접 챙기는 것이 아니라, 성과가 잘 보일 수 있는 구조를 설계하는 것이 리더의 역할이다. 결국 중요한 것은 **누가 잘하고 있는지가 아니라, 조직 전체가 성과를 내도록 만드는 것**이다.

성과관리는 더 이상 리더 혼자 해결할 수 있는 일이 아니다. 이제 리더는 성과관리를 시스템적으로 접근해야 한다. 작은 팀에서 효과적이었던 방식이 큰 조직에서는 한계를 보일 수밖에 없다. 리더가 해야 할 일은, 그 변화의 순간을 인지하고 빠르게 적응하는 것이다.

결국, 성과관리는 조직이 성장할수록 단순한 문제가 아니라 **리더십의 문제**가 된다. 이제 리더가 선택해야 할 때다. **예전 방식대로 할 것인가, 아니면 새로운 방식으로 성과관리를 다시 설계할 것인가?**

개별 평가에서 조직 정렬로 시선을 옮겨야 한다

조직이 작을 때는 성과관리가 단순하다. 리더가 구성원 개개인의 성과를 직접 평가하고, 필요한 피드백을 주고, 즉각적인 조치를 취할 수 있다. 하지만 팀이 커지면서 이러한 방식은 점점 한계를 드러낸다. 개별적인 평가에 집중하다 보면, 조직 전체가 어느 방향으로 가고 있는지를 놓치기 쉽다. 결국 일부 사람들의 성과만 강조되고, 조직 전체의 정렬은 흐트러지기 시작한다.

구성원 개개인의 성과를 파악하는 것은 중요하다. 하지만 조직이 성장할수록 성과관리는 **개별적인 평가를 넘어서 조직 전체의 방향을 맞추는 과정**이 되어야 한다. 한 명 한 명의 성과를 조정하는 것이 아니라, **조직이 올바른 방향으로 움직이고 있는지 확인하는 것이 더 중요한 일이 된다.**

리더가 개별 평가에만 집중하면, 구성원들은 각자 최선을 다하면서도 조직이 하나로 정렬되지 않는 문제가 발생한다. 구성원이 자신이 맡은 역할에서 성과를 내는 것과, 조직 전체가 목표를 향해 움직이는 것은 다르다. 구성원은 각자의 자리에서 열심히 일하고 있지만, 조직 전체의 성과가 기대만큼 나오지 않는다면 그 이유는 분명하다. **각자의 성과는 있지만, 조직의 정렬이 이루어지지 않았기 때문이다.**

이런 조직에서는 다음과 같은 문제가 발생한다.

첫째, **성과는 있지만 시너지는 없다.** 개인적으로는 좋은 평가를 받는 사람이 많지만, 조직의 목표는 달성되지 않는다. 각자 열심히 하지만 협업이 부족하고, 팀워크보다 개인의 성과가 우선시되는 환경이 만들어진다.

둘째, **리더의 시야가 좁아진다.** 개별 평가에 집중하다 보면, 리더는 눈에 띄는 사람들에게만 집중하게 된다. 리더가 직접 확인할 수 있는 성과에만 의존하다 보면, 실제로 조직을 움직이는 중요한 사람들을 놓칠 가능성이 커진다.

셋째, **성과가 일관되지 않다.** 어떤 팀은 뛰어난 성과를 내고, 어떤 팀은 기대 이하의 결과를 만든다. 하지만 조직 전체의 정렬이 이루어지지 않으면, 그 원인을 정확히 파악하기 어렵다. 결국 일부 성과 좋은 팀에 더 많은 자원이 집중되고, 나머지 팀들은 도태되는 구조가 형성된다.

이 문제를 해결하려면, 리더는 개별 평가에서 벗어나 조직 정렬을 우선순위에 두어야 한다. **조직이 같은 목표를 향해 가고 있는지를 먼저 확인하고, 그 과정에서 개별적인 성과를 조정하는 것이 더 효과적인 접근 방식이다.**

조직 정렬이 이루어지면, 구성원이 단순히 자신의 목표만 바라보는 것이 아니라, 조직의 목표와 연결된 성과를 고민하게 된다. 협업이 자연스럽게 이루어지고, 팀 전체가 함께 성과를 만들어가는 구조가 형성된다. 개별 평가보다 조직 정렬을 먼저 고려할 때, **조직은 더 강한 시너지를 발휘할 수 있다.**

리더는 이제 질문을 바꿔야 한다.

"누가 성과를 내고 있는가?"

에서

"우리 조직이 올바른 방향으로 가고 있는가?"

로 초점을 이동해야 한다. 개별 평가에서 조직 정렬로 시선을 옮기는 순간, 성과관리는 단순한 등급 조정이 아니라, **조직 전**

체를 성장시키는 과정이 된다.

데이터 안의 흐름을 읽어야 한다

팀이 작을 때는 리더가 직접 성과를 관리하는 것이 가능하다. 하지만 조직이 커지면서 리더가 모든 개별 성과를 직접 파악하는 것은 불가능해진다. 이때 필요한 것이 바로 **관점의 변화**다. 리더가 여전히 개별 성과에만 집중하고 있다면, 조직 전체의 성과를 높이는 것은 점점 어려워진다.

리더의 역할은 단순히 성과를 평가하는 것이 아니라, **조직이 성과를 내도록 환경을 조성하는 것**이다. 하지만 많은 리더들이 여전히 개인의 성과에 집중하며, 조직의 방향을 조정하는 일에는 상대적으로 신경을 덜 쓴다. **성과가 좋은 사람을 더 칭찬하고, 성과가 부족한 사람을 채찍질하는 것만으로는 조직의 성과가 지속적으로 개선되지 않는다.**

조직이 성장할수록 성과관리의 방식도 변화해야 한다. 개별적인 평가에서 조직 전체의 성과를 높이는 전략으로 전환해야 한다. **성과가 나오는 환경을 만들고, 조직 전체가 같은 방향으로 움직일 수 있도록 조정하는 것이 리더의 핵심 역할이 된다.**

성과관리를 잘하는 리더들은 공통적으로 **조직 전체를 바라보는 관점을 가지고 있다.** 개별 구성원의 성과를 넘어서, 조직의 성과를 만드는 요소들을 분석하고 조정한다. 성과가 좋은 구성원이 많은 것이 중요한 것이 아니라, **조직 전체가 성과를 낼 수 있는 구조를 갖추고 있는지가 더 중요하다.**

리더의 관점이 개별 성과에서 조직 성과로 이동할 때, 다음과 같은 변화가 나타난다.

첫째, **개인의 성과보다 조직의 방향성이 중요해진다.** 개별 구성원이 성과를 내는 것도 중요하지만, 조직이 올바른 방향으로 가고 있는지에 대한 관심이 더 커진다. 리더는 이제 "이 사람이 A등급인가 B등급인가?"를 고민하는 것이 아니라, "이 팀이 올바른 방향으로 가고 있는가?"를 고민하게 된다.

둘째, **리더는 성과를 관리하는 것이 아니라 성과가 나오는 시스템을 설계한다.** 개별적인 성과를 평가하는 것이 아니라, 조직 전체가 성과를 낼 수 있도록 구조를 조정한다. 개별 피드백에만 집중하는 것이 아니라, 피드백이 자연스럽게 이루어지는 문화를 만드는 것이 더 중요한 일이 된다.

셋째, **팀의 성과를 평가할 때, 협업과 연결성을 더 중요하게 본다.** 개인의 성과가 뛰어나더라도, 조직 전체의 성과와 연결되지 않으면 그것은 지속될 수 없다. 리더는 단순히 누가 성과를 냈는지를 보는 것이 아니라, 그 성과가 조직 전체의 흐름 속에서 어떤 의미를 가지는지를 분석해야 한다.

결국 리더의 역할은 **단순한 평가자가 아니라, 조직을 성장시키는 조정자**로 변화해야 한다. 성과를 평가하는 것이 아니라, 성과를 만들어낼 수 있는 환경을 조성하는 것. 이것이 조직이 성장하는 리더의 관점이다.

이제 리더는 스스로에게 질문해야 한다.

"나는 지금 성과를 평가하고 있는가, 아니면 성과를 만들고 있는가?"

이 질문에 대한 답이, 리더의 관점을 결정할 것이다.

3장

성과관리가 조직을
흔들지 않도록 대비한다

성과를 제대로 평가하지 못하면
조직은 분열을 시작한다

리더들은 성과를 평가한다고 생각하지만, 많은 경우 **평가가 실제로 공정한지조차 확신할 수 없다.** 조직의 규모가 커지면서 실장이나 본부장이 모든 구성원의 성과를 직접 확인하기 어려워질수록, **평가의 신뢰도는 점점 낮아진다.** 평가 기준이 흔들리기 시작하면, 조직 전체의 방향도 함께 무너진다.

한 **부문장**은 자신이 공정하게 성과를 평가한다고 믿었다. 평가 시즌이 되면 구성원 한 명 한 명과 면담을 진행하고, 일 년 동안의 성과를 정리한 후 등급을 매겼다. 하지만 평가가 끝날 때마다 구성원들의 불만이 끊이지 않았다.

"저는 더 많은 기여를 했는데 왜 저 사람보다 낮은 평가를 받았나요?"

"부문장님이 제 성과를 정확히 알고 계신 건가요?"

문제는 **부문장도 완벽한 답을 할 수 없었다는 데 있었다.** 조직이 커지면서 모든 성과를 직접 확인하는 것이 어려워졌고, **평가 기준도 점점 모호해졌다.** 결국 그가 평가할 수 있었던 것은 **자주 보고하는 사람, 목소리가 큰 사람, 성과를 적극적으로 드러낸 사람**이었다.

이런 방식이 반복되면서 **조용히 성과를 내던 구성원들은 점점 동기부여를 잃어갔다.** 아무리 좋은 성과를 내도 결국 평가받는 것은 **드러나는 성과**라는 걸 깨달았기 때문이다. 반면, **자신의 성과를 적극적으로 어필하는 사람들은 더 많은 기회를 얻었다.** 시간이 지나면서 조직 내 신뢰는 무너졌고, 실질적인 성과보다 **평가를 잘 받는 기술**이 더 중요해졌다.

성과평가에서 공정성을 잃으면, 구성원들은 더 이상 성과를 내는 것보다 평가를 잘 받는 방법을 고민하기 시작한다. 그리고 그것은 조직 전체의 성과를 갉아먹는다.

리더의 성과관리 방식이 동기를 결정한다

평가가 조직의 방향을 결정하는 순간, 리더의 성과관리 방식은 구성원의 동기부여와 직결된다. 구성원들은 자신의 성과보다, 본부장이 성과를 바라보는 방식을 더 신경 쓰기 시작한다.

한 기업의 실장은 조직의 분위기가 갈수록 수동적으로 변하는 이유를 고민했다. 불과 몇 년 전까지만 해도 구성원들이 자발적으로 일하고, 성과를 내기 위해 최선을 다했다고 믿었다. 하지만 최근 들어 평가 시즌이 다가오면 조직 전체가 긴장했고, 구성원들은 실장의 눈치를 보기 시작했다.

그는 어느 날 멤버들과 비공식적인 자리에서 질문을 던졌다.

"너희는 성과를 내는 게 더 중요하다고 생각해, 아니면 실장 눈에 띄는 게 더 중요하다고 생각해?"

처음에는 다들 머뭇거렸지만, 결국 한 명이 솔직하게 답했다.

"솔직히, 실장님이 우리가 뭘 하는지 다 보시지는 않잖아요. 결국 평가받으려면 '보여줘야' 하니까요."

그 순간, 그는 깨달았다. 구성원들이 성과를 내기보다 평가받기 위해 움직이고 있다는 사실을. 평가가 공정하지 않다고 믿는 순간, 사람들은 성과가 아니라 리더의 눈치를 보기 시작한다. 그리고 그것은 조직 전체의 성과를 결정적으로 무너뜨린다.

억울함이 남지 않는 원칙을 세운다

누구도 억울하지 않은 성과관리 원칙? 그런 게 세상에 어디 있나. 맞다. 그런 건 없다. **최고가 아니면 누구나 억울하다.** 그것이 인간의 본능이다. 모두가 공정한 평가를 바라고, 자신이 인정받기를 원한다. 하지만 현실은 다르다. 평가 결과가 나오면 누군가는 만족하고, 누군가는 분통이 터진다.

리더가 해야 할 일은 **억울함을 완전히 없애는 것이 아니라, 억울하지만 분통 터지는 일은 없게 하는 것**이다. 평가가 끝난 후 "나는 왜 B인가?"라고 불만을 가질 수는 있다. 하지만 "이건 말도 안 되는 평가다"라고 조직에 대한 신뢰까지 무너지는 일은 없어야 한다. 리더는 **완벽한 평가를 할 수는 없어도, 구성원들이 납득할 수 있는 평가를 할 수는 있다.**

인간은 본능적으로 자신을 평균보다 낫다고 평가하는 경향이 있다. 이를 **위비곤 효과**^{Above-Average Effect}라고 한다. 예를 들어, 대부분의 사람들이 자신이 평균 이상의 운전 실력을 가지고 있다고 믿지만, 실제로는 절반 이상이 평균 이하일 수밖에 없다. 조직에서도 마찬가지다. 구성원들은 자신이 남들보다 더 기여했다고 생각하며, 평가가 낮게 나오면 부당하다고 느낀다(Alicke & Govorun, 2005).

성과를 평가하는 것은 리더의 책임이지만, 평가를 신뢰할 수 있도록 만드는 것은 리더십의 핵심이다. 실장이나 본부장이 모든 걸 직접 확인할 수는 없지만, 평가의 공정성을 높일 수 있는 시스템을 만들 수는 있다.

조직에서 평가가 억울함을 남기지 않으려면 몇 가지 원칙이 필요하다.

첫째, 보여지는 성과가 아니라 실제 성과를 평가해야 한다.

가장 자주 보고한 사람이 아니라, 실질적으로 조직에 기여한 사람이 인정받아야 한다.

둘째, 리더의 주관이 아니라, 데이터를 기반으로 평가해야 한다.

성과를 정량적으로 측정할 수 있는 기준이 없으면, **결국 평가 기준은 담당 리더의 개인적인 판단에 의해 흔들릴 수밖에 없다.**

셋째, 구성원들에게 평가 기준을 미리 공유해야 한다.

평가가 끝난 후 결과를 설명하는 것이 아니라, **시작하기 전부터 "우리는 이런 기준으로 성과를 평가한다"고 투명하게 밝히는 것이 중요하다.**

이 원칙이 지켜지지 않으면, **구성원들은 성과를 낼 이유를 잃는다.** 반대로, 이 원칙이 확립되면 구성원들은 **누가 보든 보지 않든 최선을 다할 이유**를 찾게 된다.

리더들은 다시 한번 질문해야 한다.

"내가 평가하는 기준이, 진짜로 조직의 성과를 높이고 있
는가?"

이 질문에 대한 답이, **조직의 성과관리 수준을 결정한다.**

출처

Alicke, M. D., & Govorun, O.(2005). The better-than-average effect.
In M. D. Alicke, D. Dunning, & J. I. Krueger(Eds.), The self in social
judgment(pp. 85-106). Psychology Press.

파트

2

캘리브레이션,
시작과 마무리

4장

캘리브레이션은
조직의 방향을 정렬하는 과정이다

개별이 아닌 조직 전체의 흐름을 정렬한다

성과평가가 끝나고 등급이 정해졌다. 구성원들은 WOW, MEET, NEEDS IMPROVE로 나뉘고, 보상과 승진이 결정되었다. 하지만 평가가 끝난 다음 날, 조직은 여전히 그대로다. 어제와 같은 사람들이 같은 방식으로 일하고, 같은 회의를 반복한다. 평가를 했다고 해서 조직이 자동으로 성장하는 것은 아니다.

그런데도 많은 리더들은 **성과평가만 제대로 하면 조직이 성장할 것이라고 착각한다.** 평가를 통해 구성원들이 동기부여를 받고, 부족한 부분을 보완하며, 성과가 나아질 것이라고 믿는다. 하지만 현실에서는 평가 후 조직의 분위기가 무거워지고, 오히려 구성원들 간의 불만이 높아지는 경우가 많다.

한재욱 본부장은 평가 시즌 이후 팀 내 분위기가 이상하게 변하는 것을 느꼈다. **낮은 평가를 받은 구성원들은 의욕을 잃었고, 높은 평가를 받은 사람들은 조용히 안도하는 분위기였다.** 그런데 정작 성과가 낮은 평가를 받은 사람 중에서도 열심히 일하는 사람이 있었고, 성과가 높았던 사람 중에서도 조직에 실질적인 기여를 하지 않은 이들이 있었다.

그는 깨달았다.

"우리는 평가를 했지만, 방향을 정리하지 않았다."

캘리브레이션은 **단순한 등급 조정이 아니라, 조직의 방향을 정리하고 성과를 의미 있게 조정하는 과정이어야 한다.** 평가 자체보다 중요한 것은 **조직이 어디로 가고 있으며, 개별 구성원들의 성과가 그 방향성과 어떻게 연결되는지를 점검하는 일이다.**

리더들은 평가 이후의 과정이 필요하다는 것을 알지만, 구체적으로 **어떤 방식으로 정렬해야 하는지에 대한 고민은 부족한 경우가 많다.** 평가를 통해 점수를 매기는 것만으로는 조직을 변화시킬 수 없다. 방향이 맞지 않다면, 조직은 평가와 관계없이 계속해서 성과가 정체될 것이다.

캘리브레이션을 하는 이유는 간단하다. **개별 구성원의 등급을 조정하는 것이 아니라, 조직의 성과가 나올 수 있도록 의미를 조정하는 것**이다. 성과평가가 끝난 이후에도 조직이 성장하려면, 캘리브레이션을 통해 조직 전체의 방향을 다시 한번 점검해야 한다.

숫자가 아니라 의미를 중심으로 설계한다

리더가 성과를 개별적으로 바라보면, 조직 전체의 역학을 놓치기 쉽다. **조직의 성과는 개별 구성원의 노력만으로 만들어지는 것이 아니라, 서로 연결된 흐름 속에서 결정된다.**

한 디비전장은 성과평가 데이터를 분석하다가 이상한 점을 발견했다. **구성원의 개별 평가는 나쁘지 않았는데, 팀 전체의 목표 달성률은 기대 이하였다.** 개별적으로는 각자 열심히 일했지만, 정작 조직의 방향과 일치하지 않은 채 따로 움직였던 것이다.

이런 상황은 조직에서 자주 발생한다. **각자 맡은 역할에서는**

최선을 다했지만, 팀 전체가 하나의 목표로 정렬되지 않은 경우다. 개별 성과만 보면 다들 기여했지만, 조직의 성과는 오히려 정체된다.

캘리브레이션은 이러한 불균형을 해결하는 과정이다. **조직의 목표와 개별 기여도를 정렬하는 과정 없이 진행되는 평가는, 결국 조직의 생산성을 떨어뜨린다.**

리더가 캘리브레이션을 통해 확인해야 할 것은 단순한 등급 조정이 아니라, **조직이 전체적으로 올바른 방향으로 가고 있는가에 대한 점검**이다. 개별 평가를 뛰어넘어, **조직이 하나의 흐름 속에서 성과를 만들어 낼 수 있는 구조인지 검토해야 한다.**

조직의 흐름과 개인의 기여도를 연결한다

캘리브레이션을 잘하는 리더들은 단순히 **이번 평가를 잘 마무리하는 것만을 목표로 하지 않는다.** 그들은 언제나 **다음 해를 생각하며 캘리브레이션을 운영한다.**

성과평가는 한 번으로 끝나는 과정이 아니다. 평가가 끝나고, 등급을 조정하고, 정렬하고, 구성원들에게 통보하고, 협의하는 과정을 거친다. 하지만 여기에서 멈춘다면, 캘리브레이션이 조직에 실질적인 변화를 가져오기는 어렵다. 왜냐하면 **다음 해에도 같은 사람들이 같은 조직에서 일해야 하기 때문이다.**

한인수 실장은 평가 조정이 끝난 후, 자신이 한 가지 중요한 것을 놓쳤다는 사실을 깨달았다. 평가가 끝난 후 몇몇 구성원들의 태도가 달라졌고, 어떤 사람들은 내년을 기약하며 조용히 일했지만, 어떤 사람들은 눈에 띄게 동기부여를 잃어갔다.

그는 생각했다.

"평가는 끝났지만, 이들과 나는 계속 함께 일해야 한다."

성과평가가 단순히 점수를 매기고, 등급을 조정하는 과정이라면, 그 과정에서 누군가는 의욕을 잃고, 누군가는 동기를 얻는 일이 반복될 수밖에 없다. 하지만 **캘리브레이션을 통해 조직의 방향성과 개인의 동기를 함께 정렬하면, 평가 이후에도 조직은 계속 성장할 수 있다.**

캘리브레이션을 운영할 때, 리더가 반드시 고려해야 하는 것은 **조직이 지속적으로 성과를 낼 수 있도록 동기를 유지하는 것**이다. 그렇다면 어떻게 해야 할까?

첫째, **평가 결과를 통보하는 것이 아니라, 성장의 기회로 연결해야 한다.**

평가를 마무리하는 것이 아니라, 평가를 통해 **이 사람이 내년에 더 성장할 수 있도록 무엇을 제공해야 하는지 고민해야 한다.** 단순한 점수 조정이 아니라, **각 구성원이 자신의 성과를 더 발전시키는 과정으로 인식하게 만들어야 한다.**

둘째, **이번 평가가 다음 해의 성과에 영향을 미친다는 점을 명확하게 인식해야 한다.**

리더가 평가 결과를 결정하는 순간, 구성원들은 그것을 기억한다. 그리고 **그 기억이 다음 해의 행동을 결정한다.** 평가가 단순히 보상의 기준이 아니라, **앞으로 무엇을 해야 하는지 방향을 잡아주는 과정이라는 점을 명확히 해야 한다.**

셋째, **동기가 무너진 사람들에게 다시 기회를 줄 방법을 고민해야 한다.**

누군가는 좋은 평가를 받고 동기부여를 얻겠지만, 반대로 누군가는 실망하고 동기를 잃을 수도 있다. 하지만 **리더가 그들을 포기하는 순간, 조직의 성과도 함께 낮아진다.** 평가 이후에도 **구성원들이 다시 목표를 향해 나아갈 수 있도록 리더가 지속적으로 조정하는 과정이 필요하다.**

리더들은 캘리브레이션을 마칠 때 스스로에게 질문해야 한다. **이 구성원과 내년에도 함께 일해야 한다면, 나는 지금 이 평가를 어떻게 운영해야 하는가?**

이 평가가 구성원의 동기에 어떤 영향을 미칠 것인가?

올해의 평가 결과가 내년의 성과에 긍정적인 영향을 줄 수 있도록 만들었는가?

캘리브레이션은 단순한 평가 조정이 아니라, **다음 해의 성과를 만드는 과정**이 되어야 한다.

리더들은 이제 다시 질문해야 한다.

"나는 지금 올해의 성과를 평가하고 있는가, 아니면 내년의 성과를 준비하고 있는가?"

이 질문에 대한 답이, **리더의 역할을 결정한다.**

5장

일곱 가지를 허용하면
캘리브레이션을 망칠 수 있다

캘리브레이션을 해야 한다. 평가의 공정성을 높이고, 조직의 방향성을 맞추기 위해 꼭 필요하다고 한다. 하지만 솔직히 말해서 바쁘다. 이걸 준비할 시간도 없고, 굳이 이렇게까지 해야 하나 싶은 생각도 든다. 그래도 해야 한다고 하니 한다.

그렇다면 어떻게 해야 할까?

정말 제대로 하려면 철저하게 준비하고, 조직의 성과를 높일 수 있도록 해야 한다. 하지만 솔직히 말해서 그렇게 하기엔 시간이 부족하다. 이럴 때 필요한 게 바로 "대충 하지만 한 것처럼 보이게 하는 법"이다.

이 장에서는 캘리브레이션 미팅을 망치는 가장 손쉬운 방법

7가지를 소개한다. 그리고 최악의 방법을 하나씩 설명하면서, "이렇게 하면 안 된다"는 걸 알려주겠다. 물론 일부러 이렇게 하지는 않겠지만, 실제로 이런 실수를 하는 리더들이 생각보다 많다.

- 기준을 제시하지 않는다
- 다들 바쁘니 준비하지 말고 그냥 들어오라고 한다
- 발언을 장악한다
- 하위 리더들의 "우리 팀 다 A입니다"를 곧이곧이 믿는다
- 목소리 큰 사람을 존중한다
- 감을 믿는다
- 인사팀에 통보하고 뒷짐 진다

첫 번째, 기준을 제시하지 않는다. 캘리브레이션을 실패로 이끄는 가장 확실한 방법 중 하나는 **기준을 설정하지 않는 것**이다. 조직에서 평가를 할 때 가장 먼저 정리해야 하는 것은 "무엇을 기준으로 평가할 것인가?"이다. 하지만 많은 리더들이 이를 간과한다.

캘리브레이션 미팅을 시작하기 전에, 조직이 **무엇을 목표로 하는지, 어떤 성과를 중요하게 생각하는지, 어떤 행동과 태도가**

성과로 인정되는지에 대한 기준이 명확하지 않다면, 회의는 결국 감각적인 논쟁으로 흐른다.

그러다 보면 이런 말이 나온다.

"저 친구는 성과는 나쁘지만, 팀 분위기를 좋게 만들었어요."

"이 친구는 성과는 좋지만, 너무 독단적이네요."

"우리가 원래 이런 걸 중요하게 생각했나요?"

두 번째, 다들 바쁘니 준비하지 말고 그냥 들어오라고 한다.
캘리브레이션을 한다고 하면 다들 일정이 빡빡하다. 실장들도, 본부장들도 하루 종일 회의가 이어지고, 급한 일이 많다. 그러니 괜히 미리 자료 준비하라고 하면 귀찮아한다. 그냥 회의실에 들어와서 **각자 기억나는 대로 이야기하면 된다.**

"우리끼리 이야기하면 답이 나오겠죠. 굳이 데이터 정리까지할 필요 있나요?"

이렇게 하면 자연스럽게 기억에 의존하게 되고, 결국 **눈에 띄는 구성원들만 성과를 인정받는다.** 누구는 운 좋게 높은 평가를 받고, 누구는 존재감이 희미해서 그냥 넘어간다.

이 회의에서 한동욱 실장이 말했다. "저희 팀 누구는 요즘 고생을 많이 했어요. 야근도 하고, 책임감도 강하고···."

그러자 다른 본부장이 물었다. "그런데 그 사람이 실제 성과는 어떤가요?"

실장은 잠깐 멈칫하더니, "그건 제가 정확한 데이터를 안 봤는데… 어쨌든 되게 열심히 했어요!"

이렇게 되면 결국 **성과가 아니라 근무 태도로 평가하게 된다.**

세 번째, 발언을 장악한다. 캘리브레이션 회의에서 가장 중요한 건 **처음 분위기를 장악하는 것이다.** 아무도 말을 꺼내지 않은 상태에서 먼저 발언하면, 자연스럽게 논의의 흐름을 주도할 수 있다.

"자, 다들 아시겠지만 올해 우리 조직 성과가 전반적으로 좋았습니다. 제가 보기에 큰 틀에서 조정할 부분은 없을 것 같고요, 우선 우리 팀에 대해 말씀드리겠습니다."

이렇게 시작하면, 대부분은 그냥 따라간다. **회의 시간이 길어질수록 사람들은 피곤해지고, 자연스럽게 처음 주도권을 쥔 사람의 의견을 따르게 된다.**

이렇게 되면, 사실상 캘리브레이션이 아니라 **누군가의 발표회**가 된다.

네 번째, 하위 리더들의 "우리 팀 다 A입니다"를 곧이곧이 믿

는다. 캘리브레이션에서 빠지지 않는 장면이 있다. 팀 리더들이 자신들의 구성원을 보호하려고 "우리 팀은 다 A입니다"라고 주장하는 것이다.

"솔직히, 우리 구성원 다 고생 많이 했어요."

"이 친구들 아니었으면 올해 성과가 안 나왔을 겁니다."

"우리 팀은 다 열심히 했으니까, B 이하로 평가받으면 안 됩니다."

이렇게 말하면, 반박하기 애매하다. 괜히 문제 삼으면 팀 리더들이 기분 나빠할 수도 있고, 조직 내 갈등이 생길 수도 있다. 그래서 대부분 그냥 넘어간다.

다섯 번째, 목소리 큰 사람을 존중한다. 캘리브레이션 미팅에서 의견이 엇갈리면 논쟁이 생길 수밖에 없다. 하지만 논쟁이 길어지면 피곤해진다. 그러니 이렇게 정리하자.

"괜한 감정 소모할 필요 없죠. 팀워크가 더 중요합니다."

이렇게 분위기를 진정시키면, 결국 **누구도 강하게 반대하지 못하고 무난한 결론이 나온다.**

캘리브레이션 미팅에서 **논리보다 중요한 게 있다. 바로 목소리 크기다.**

"솔직히, 이건 논의할 필요도 없죠. 다들 동의하시죠?"

"제가 보기에 이 친구는 확실한 A급입니다."

이렇게 말하는 사람이 있으면, 반박하는 쪽이 오히려 눈치 보이게 된다.

여섯 번째, 감을 믿는다. "데이터? 너무 차갑다. 우리는 사람을 평가하는 거다. 느낌이 중요하지 않나?" 이렇게 감으로 평가하는 순간, **캘리브레이션이 아니라 감정 평가의 장이 된다.**

일곱 번째, 인사팀에 통보하고 뒷짐 진다. 캘리브레이션이 끝났다면? 이제 다 끝난 거다. **성과 등급을 정리해서 인사팀에 넘기면 된다.** 그런데 이렇게 하면 구성원들은 불안해한다. 평가가 어떻게 이루어졌는지 알 수 없고, 피드백도 받지 못한다. 결국 평가 결과가 나오면 불만이 터져 나오고, "도대체 기준이 뭐냐?"라는 질문이 반복된다.

6장

기준을 제시한다

조직의 방향성과 평가 기준을 연결한다

될 만한 것, 뻔한 것을 목표로 설정하면 의미가 없다. 목표는 도전적이고 대담해야 한다. 하지만 그렇다고 해서 터무니없는 목표를 세우면 조직은 혼란에 빠진다.

리더가 목표를 정할 때 가장 흔히 하는 실수는 '내 기준'에서 목표를 설정하는 것이다.

'우리 팀이 할 수 있는 것'에 초점을 맞추거나,

'지난해 대비 조금 더 높은 목표' 정도로 조정하는 경우가 많다.

이렇게 하면 **평가는 쉬워질 수 있지만,** 조직의 성장과는 거리가 멀어진다.

리더가 목표를 설정할 때 가장 먼저 고려해야 하는 것은 상위의 기대와 고객의 관점이다.

리더는 독립적으로 존재하는 사람이 아니다. 조직이 존재하는 이유는 **상위**(대표이사, 직속 상사)**와 고객이 있기 때문**이다.

상위의 목표와 기대를 명확히 이해하지 못하면, 조직 전체의 목표와 어긋난 방향으로 가게 되고, 평가 시즌이 되면 "우리 팀은 열심히 했는데 왜 이런 평가를 받는 거지?"라는 상황이 벌어진다.

고객 관점도 마찬가지다. 고객이 원하는 것이 무엇인지 고려하지 않은 목표는 결국 조직에 의미 있는 성과로 이어지지 않는다.

상사의 기대를 확인하고, 목표를 정렬하는 것이 중요하다는 것은 알겠지만, **우리 문화에서는 이런 대화가 익숙하지 않다.**

"우리 팀의 목표를 이렇게 세우려고 하는데 어떻게 생각하십니까?"라고 묻는 것이 어색할 수도 있고,

"상무님이 가장 중요하게 생각하는 것은 무엇입니까?"라고 대놓고 물어보는 것이 부담스러울 수도 있다.

그래서 많은 리더들이 상사의 기대를 확인하지 않고 **자신이 생각하는 '적절한 목표'를 설정한 후, 평가 시즌이 되어서야 차이를 깨닫는다.**

그렇다면, 우리 문화에서 상사와 자연스럽게 목표를 정렬하는 방법은 무엇일까?

상사의 기대를 자연스럽게 확인하는 3가지 방법

● ● ●

1. 정식 미팅이 아니라, 자연스러운 흐름 속에서 질문하라

- 정식 회의에서 "우리 팀 목표를 이렇게 정하려고 합니다"라고 말하면, 상사가 깊이 고민하지 않은 채 원론적인 답변을 할 가능성이 높다.
- 대신, 상사의 주요 메시지를 듣는 기회를 **자연스럽게** 만들어야 한다.

예를 들어,

- 경영진 회의 후, "오늘 논의한 내용 중에 우리 팀이 가장 신경 써야 할 부분이 뭐라고 생각하세요?"
- 전략 회의 후, "올해 가장 신경 써야 할 핵심 지표는 무엇인가요?"

이렇게 **정식 질문이 아니라, 가벼운 대화 속에서 상사의**

핵심 관심사를 파악하는 것이 더 효과적이다.

2. 목표를 먼저 제시하고 피드백을 요청하라

- "어떤 목표를 세울까요?"라고 묻는 것은 좋지 않다.
- 상사가 원하는 것은 '질문'이 아니라 '제안'이다.

따라서, 이렇게 접근하는 것이 좋다.

✘ "어떤 목표를 세우면 좋을까요?"

✔ "올해 우리 팀의 목표를 X, Y, Z로 설정하려고 합니다. 이 방향이 괜찮을까요?"

이렇게 하면, **상사는 목표를 수용하거나, 추가적인 피드백을 줄 것이다.**

- "좋은 방향인데, 한 가지 더 고려하면 좋겠어."
- "Z는 조금 다르게 설정하는 게 좋을 것 같아."

이런 피드백을 통해 자연스럽게 **상사의 기대와 목표를 정렬할 수 있다.**

3. 지난해 평가 피드백을 활용하라

- 상사가 올해의 목표를 명확히 말해주지 않는 경우도 있다.
- 이럴 때는 **지난해 평가에서 강조된 사항**을 기반으로

목표를 설정하는 것이 좋다.

예를 들어,

- 지난해 "우리 팀이 외부 협업이 부족했다"는 피드백을 받았다면?

  → 올해 목표 중 하나를 "협업 프로젝트 확대"로 설정하고 상사의 피드백을 받는다.

- "단기 성과에 집중하지 말고, 지속 가능한 성과를 고민하라"는 지적을 받았다면?

  → 올해 목표를 "중장기 고객 유지율 증가"로 설정하는 것이 적절하다.

지난해 상사의 피드백을 활용하면, **올해 목표를 설정하는 데 있어 신뢰도를 높일 수 있다.**

"어디로 갈지 모르는 배는 순풍도 도움이 되지 않는다." 방향을 정하지 않은 채 바람이 부는 대로 움직이는 배는 결국 어디에도 도착하지 못한다. 조직도 마찬가지다. 많은 인원이 한 배를 타고 있다면, 그가 조타수이든, 기계실을 점검하는 사람이든, 갑판을 체크하는 사람이든 상관없이 어디를 향하는지 알고 있어야 한다. 그리고 그 과정에서 자신이 **무슨 일을 하고 있는지, 그것이 전체 항해에 어떤 영향을 미치는지**를 분명히 인식해야 한다.

일찍이 앙투안 드 생텍쥐페리Antoine de Saint-Exupéry는 말했다.

"배를 만들고 싶다면 사람들에게 나무를 가져오게 하거나 일을 지시하지 말고, 저 넓고 끝없는 바다에 대한 갈망을 가르쳐라."

목표가 분명하다면, 사람들은 스스로 필요한 일을 찾아 하게 된다. 하지만 목표가 흐릿하면, 구성원은 열심히 일하고도 왜 이 일을 하는지 알지 못하고, 결국 성과는 조직이 원하는 방향과 어긋나게 된다.

물론 이런 말도 있다. **"어디로 갈지 모른다는 것은 아직 정할 수 있는 시간이 있다는 뜻이다."** 즉, 당신이 항해를 시작하기 전에 목적지를 명확히 정해야 한다. 조직이 한 해 동안 어디로 가야 하는지, 리더로서 어떤 방향을 설정해야 하는지 고민해야 한다. 이 고민을 하지 않으면, 연말이 되었을 때 예상치 못한 평가를 받을 수도 있다. **리더가 평가 시즌에 당황하는 이유는 대부분 목표를 설정하는 단계에서부터 혼란이 있었기 때문이다.**

리더가 성과 기준을 정하는 과정에서 가장 중요한 것은 객관적이고 정렬된 기준을 수립하는 것이다. 단순히 "우리 팀이 잘했다"는 막연한 평가가 아니라, 조직의 목표와 평가 기준이 일치하는가를 명확히 해야 한다. 많은 리더들이 평가 시즌이 되어서야 상사가 기대한 목표와 실제 팀의 성과가 어긋났다는 사실을 깨닫지만, 그 시점에서는 이미 평가를 되돌릴 수 없다. 결국 평가의 핵심은 목표 설정부터 시작된다는 것을 인지해야 한다.

A 실장은 이러한 원칙을 간과한 경험이 있다. 지난해 그는 팀의 목표를 "매출 증가"에 맞추었지만, 평가 시즌이 되자 조직에서는 "매출보다는 고객 유지율이 더 중요한 지표"로 평가하고 있었다. 결국, 팀이 기대한 성과와 상사가 평가한 성과가 다르게 해석되었고, 기대보다 낮은 평가를 받게 되었다. 올해 그는 이를 반영하여 목표를 "단순한 매출 성장률이 아니라, 장기적인 고객 유지율 향상"으로 설정했다. 그 결과, 상사의 기대와 맞아떨어지는 평가를 받을 수 있었다.

목표를 설정할 때는 **내부와 외부 요인도 반드시 고려해야 한다. 팀의 역량과 구성원들의 현재 상태, 협력 부서와의 관계, 그리고 시장 상황까지 종합적으로 검토**해야 한다. 목표는 단순히 숫자를 높이는 것이 아니라, **현실적으로 실행할 수 있는 것**이어야 한다.

조직 목표를 설정할 때 자주 활용되는 원칙 중 하나가 **SMART 원칙**이다.

목표는 **구체적**Specific, **측정 가능**Measurable, **달성 가능**Achievable, **관련성 높은**Relevant, **기한이 정해진**Time-bound 형태로 설정해야 한다.

B 본부장은 이러한 원칙을 고려하지 않고, 지난해 단순히 "매출 20% 증가"라는 목표를 세웠다. 하지만 시장 상황이 악화되면서 **현실적으로 불가능한 목표**가 되어버렸고, 평가 시즌이 되어서야 목표를 조정해야 했다는 점을 깨달았다. 올해 그는 시장 환경을 고려하여 "기존 고객 유지율 20% 증가 및 신규 고객 10% 유치"라는 현실적인 목표를 설정했고, 조직에서 인정받는 성과를 달성할 수 있었다.

목표가 설정되었다면, 이를 **측정 가능한 성과평가 기준**으로 변환하는 과정이 필요하다. 단순히 "고객 서비스 강화"라고 설정하면 평가 시즌에 이를 어떻게 측정해야 할지 막막해진다. 대신 "고객 CS 만족도 85% 이상 유지 및 불만 제기 건수 15% 감소"처럼 **정량적인 목표**로 바꿔야 한다.

C 부문장은 이러한 원칙을 적용하지 않고 막연히 "**팀워크를 강화한다**"라는 목표를 설정했다가 평가 시즌이 되어 "**팀워크 강화가 실제로 어떻게 측정되었는가?**"라는 질문을 받았다. 올해 그는 "팀 내 협업 프로젝트 참여율 증가 및 협업 프로젝트 성과 리뷰"라는 명확한 기준을 설정하여 평가 과정에서 논란이 없도록 했다.

D 본부장은 이러한 프로세스를 무시하고, 연초에 설정한 목표를 연말까지 그대로 가져갔다. 하지만 시장 환경이 변하면서

기존 목표가 더 이상 유효하지 않게 되었고, **평가 시즌이 되자 "목표를 유연하게 조정하지 못했다"는 피드백을 받았다.** 올해 그는 중간 점검을 통해 기존 목표를 보완하고, 하반기 전략을 수정하여 조직의 변화에 맞는 성과를 창출할 수 있었다.

목표 설정은 연초에 한 번 하고 끝나는 것이 아니라, 시계열적으로 접근해야 한다. 1월부터 3월까지는 목표를 설정하고 조직과 정렬하는 과정이 필요하다. 4월부터 6월까지는 실행 점검과 보완을 진행하며, 7월부터 9월에는 중간 평가를 통해 방향성을 조정해야 한다. 10월부터 12월까지는 캘리브레이션을 준비하고 최종 성과를 정리하는 과정이 이루어진다.

평가 시즌의 혼란을 줄이고, 조직과 개인의 성장을 동시에 이루기 위해서는 **목표 설정부터 평가까지 일관된 프로세스를 유지해야 한다.** 리더가 성과 기준을 설정할 때 가장 중요한 것은 **상사의 기대와 조직의 목표를 연결하는 것**이며, 목표를 **측정 가능한 기준으로 변환하고, 지속적으로 점검하면서 변화에 맞춰 조정하는 것**이다. 그래야만 평가 시즌이 되었을 때 "왜 이런 평가를 받았지?"라는 혼란을 피하고, 조직과 구성원 모두가 납득할 수 있는 성과평가를 할 수 있다.

리더가 성과 기준을 정하기 위해 해야 할 4가지

• • •

1. 상사의 목표와 평가 요소를 파악하라

- 대표이사(혹은 상사)가 올해 가장 중요하게 생각하는 목표는 무엇인가?
- 올해 사업 계획에서 우리 조직(혹은 팀)에 요구하는 핵심 성과는 무엇인가?
- 지난해 평가에서 강조했던 주요 개선 사항은 무엇이었는가?
- 우리 팀을 평가할 때 가장 중요하게 보는 지표는 무엇인가?

2. 내부/외부 요인을 고려하여 목표를 세팅하라

- **팀의 역량:** 올해 우리 팀이 수행할 수 있는 현실적인 목표는 무엇인가?
- **구성원 현황:** 기존 구성원의 경험과 역량, 신입 구성원의 적응 속도는 어떠한가?
- **협력 부서와의 관계:** 다른 부서와의 협업이 필요한 요소는 무엇인가?

- **고객 및 시장 상황:** 시장 환경 변화가 우리 목표에 어떤 영향을 미치는가?
- **경쟁사 동향:** 경쟁사와 비교했을 때, 우리가 차별적으로 가져가야 할 부분은 무엇인가?

3. 목표를 성과평가 기준으로 변환하라

- "시장 점유율 확대" → "점유율 % 증가"
- "신규 고객 확보" → "신규 고객 유입 수"
- "팀의 생산성 향상"
    → "프로젝트 평균 완료 기간 단축"

4. 목표 설정을 시계열적으로 접근하라

- **1월~3월:** 목표 설정 및 정렬
- **4월~6월:** 실행 점검 및 보완
- **7월~9월:** 중간 평가 및 조정
- **10월~12월:** 캘리브레이션 회의, 캘리브레이션 미팅 준비 및 실행

조직의 방향성과 평가 기준을 맞추는 방법

목표를 설정하는 것만으로는 충분하지 않다. 설정한 목표가 실제 평가 기준과 연결되지 않으면, 평가 시즌에 혼란이 발생할 수밖에 없다. 많은 리더들이 "우리 팀은 열심히 일했는데 왜 이런 평가를 받았지?"라고 의문을 갖는 이유는, 설정한 목표와 실제 평가 기준이 다르기 때문이다.

캘리브레이션 미팅에서 가장 흔히 발생하는 문제는 "팀마다 평가 기준이 다르다"는 것이다. 어떤 팀은 매출 증가를 핵심 지표로 보고, 어떤 팀은 고객 만족도를 중점적으로 본다. 결과적으로 같은 조직 안에서도 성과 해석이 엇갈리고, 평가의 공정성이 흔들리게 된다.

이런 혼란을 방지하려면, 리더는 목표 설정과 동시에 조직의 방향성과 평가 기준을 일치시키는 과정을 거쳐야 한다. 상사의 기대, 조직의 목표, 구성원의 개별 성과를 하나의 기준으로 정렬하는 것이 핵심이다.

리더의 평가 기준이 상사의 기대와 맞지 않으면, 아무리 팀 내부에서 성과를 냈더라도 최종 평가에서는 낮은 점수를 받을 수 있다.

상사의 기대를 파악하는 것은 단순히 "올해 가장 중요한 목표가 무엇인지"를 아는 것이 아니다. 다음과 같은 세 가지 질문에 대해서 파악하고 있는 것이다.

- 상사는 어떤 기준으로 나를 평가하는가?
- 상사의 최종 보고 대상(대표이사, 경영진)은 무엇을 중요하게 보는가?
- 올해 조직이 강조하는 핵심 방향성과 나의 팀 목표는 일치하는가?

A 실장은 지난해 이를 간과했다. 그는 구성원에게 "우리는 올해 성과를 극대화해야 한다"라고 강조했다. 하지만 평가 시즌이 되자, 대표이사는 "단기 실적이 아니라, 지속적인 성장 가능성을 중시한다"는 입장을 밝혔다. 결국 A 실장의 팀은 높은 실적을 달성하고도, 평가에서는 낮은 점수를 받게 되었다.

이런 문제를 방지하려면, 리더는 **상사의 평가 기준과 조직 목표를 연결하는 작업**을 해야 한다.

조직의 목표와 평가 기준을 설정했다면, 이를 개별 구성원의 성과 기준으로 변환해야 한다. 리더가 흔히 하는 실수 중 하나는, 조직 목표를 설정한 후 이를 구성원 개개인에게 어떻게 적용할지를 고민하지 않는 것이다. **개별 목표가 조직의 목표와 자**

연스럽게 연결되지 않으면, 구성원은 "내가 왜 이런 평가를 받아야 하는지" 납득하지 못하게 된다.

B 본부장은 이런 문제를 경험했다. 그는 올해 조직의 핵심 목표를 "고객 기반 확장"으로 설정했다. 하지만 구성원에게는 별다른 설명 없이 각자의 업무 목표를 설정하게 했다. 그 결과, 영업팀은 신규 고객을 확보하는 데 집중했지만, 운영팀은 기존 고객 만족도를 유지하는 방향으로 움직였다. 결국 평가 시즌이 되었을 때, **구성원이 전사적 목표에 맞지 않는 개별 성과를 내는 바람에 평가 기준이 흔들렸다.**

이 문제를 해결하려면, 리더는 조직 목표를 구성원의 개별 목표와 연결해야 한다.

- 조직 목표: 신규 고객 10% 증가

  → 구성원 목표: 개인별 신규 고객 유치 5건 이상
- 조직 목표: 서비스 품질 향상

  → 구성원 목표: 고객 CS 점수 4.5점 이상 유지
- 조직 목표: 생산성 개선

  → 구성원 목표: 프로세스 혁신 프로젝트 2건 수행

이처럼 개별 목표를 조직 목표에 맞춰 정렬하면, **평가 시즌에**

불필요한 논란을 줄일 수 있다.

평가 기준을 설정할 때 흔히 발생하는 오류 중 하나는, 정량적인 성과만 강조하거나, 반대로 정성적인 기여만 고려하는 것이다.

리더는 두 가지 요소를 균형 있게 평가해야 한다.

C 부문장은 지난해 정량적 성과만 중시하는 평가 방식을 사용했다.

그는 "매출 기여도가 낮은 구성원은 낮은 평가를 받을 수밖에 없다"는 원칙을 고수했다. 하지만 평가 시즌이 되자, 구성원은 "협업과 조직 기여도를 전혀 고려하지 않은 평가 방식은 부당하다"고 반발했다.

반대로 D 실장은 정성적 평가만 강조하는 방식으로 운영했다.

그는 "팀워크가 좋은 구성원이 더 가치 있다"고 판단하고, 성과 수치보다는 협업 기여도를 중심으로 평가했다. 하지만 결과적으로 성과에 대한 기준이 모호해졌고, 구성원이 "객관적인 기준이 없으면 평가의 공정성이 떨어진다"고 문제를 제기했다.

이 두 가지 사례에서 보듯이, **평가의 균형을 유지하려면 정량적 성과와 정성적 기여를 함께 고려해야 한다.**

- **정량적 성과:** 매출, 고객 유치율, 프로젝트 완료율 등 측정 가능한 지표
- **정성적 기여:** 협업 태도, 조직 기여도, 문제 해결 능력 등 평가자의 주관이 개입될 수 있는 요소

리더는 이 두 가지 요소를 평가 기준에 균형 있게 반영해야 평가의 신뢰성을 높일 수 있다.

목표 설정과 평가 기준 정렬은 연초에 한 번 하고 끝내는 것이 아니라, **시간의 흐름에 따라 단계적으로 점검해야 한다.**

1월~3월: 조직 목표를 분석하고 팀 목표를 설정하는 시기. 상사의 기대와 평가 기준을 확인하고, 이를 팀의 성과 기준과 연결한다.

4월~6월: 목표 실행 상황을 점검하고, 평가 기준이 여전히 유효한지 검토하는 시기. 필요하면 중간 조정을 고려한다.

7월~9월: 중간 평가를 통해 조직 목표와 팀 성과 간의 연결성을 확인하는 시기. 평가 기준이 현실과 맞지 않는다면, 수정을 고려한다.

10월~12월: 연말 캘리브레이션을 준비하는 시기. 평가 기준을 최종적으로 확정하고, 구성원에게 공정한 피드백을 제공한다.

목표 설정과 평가 기준 정렬이 적절하게 이루어지면, 캘리브레이션 미팅에서 "평가 기준이 명확하지 않다"는 논란이 사라지고, 모든 구성원이 납득할 수 있는 평가를 할 수 있다.

리더가 평가 시즌마다 혼란을 겪는 가장 큰 이유는 **조직의 방향성과 개별 평가 기준이 일치하지 않기 때문이다.** 이 문제를 해결하려면 ① **상사의 평가 요소와 조직 목표를 연결하고,** ② **구성원의 개별 성과를 조직 목표와 정렬하며,** ③ **정량적 성과와 정성적 기여를 균형 있게 평가해야 한다.**

이 과정을 연초부터 시계열적으로 실행하면, 연말 평가에서 "성과가 왜 이런 식으로 나왔지?"라는 혼란 없이, 명확한 기준을 기반으로 평가를 진행할 수 있다.

명확한 기준이 없으면 평가가 아니라 논쟁이 된다

캘리브레이션 미팅이 논쟁의 장이 되는 가장 큰 이유는 **명확한 기준 없이 평가를 진행하기 때문이다.** 기준이 모호하면 리더마다 다른 시각으로 성과를 해석하게 되고, 각 팀이 자신들의 논리를 내세우면서 의견 충돌이 발생한다. **이러한 논쟁은 단순한 의견 차이가 아니라, 평가의 공정성을 흔들고 조직 내 신뢰를**

낮추는 결과를 초래한다.

특히 조직이 성장할수록, 성과평가 기준을 명확히 하지 않으면 **"팀마다 평가 방식이 다르다"**, **"누군가에게만 유리한 평가다"** 같은 불만이 터져 나오기 마련이다.

캘리브레이션이 논쟁이 아니라 생산적인 조정 과정이 되려면, 리더는 평가 기준을 사전에 정리하고, 모든 구성원들이 이를 인식하도록 만들어야 한다. **성과 기준이 애매한 상태에서 평가를 진행하는 것은 조직 전체의 신뢰를 갉아먹는 행위다.**

A 실장은 지난해 캘리브레이션 미팅에서 예상치 못한 혼란을 겪었다. 회의가 시작되자마자 팀장들이 서로 다른 기준을 내세우며 논쟁을 벌이기 시작했다.

"우리 팀은 고객사를 5개 늘렸는데 왜 성과가 낮다고 평가합니까?"

"고객 수가 중요한 게 아니라, 수익성 있는 고객을 늘렸느냐가 중요하지 않나요?"

"우리는 신규 고객이 아니라 기존 고객 유지율을 높이는 데 집중했습니다."

결국 회의는 논리 싸움으로 변했고, **누가 맞고 틀리냐가 아니라, 어떤 기준을 적용해야 하는지를 두고 끝없는 논쟁이 벌어졌다.** 이 혼란이 발생한 이유는 단 하나였다. **평가 기준이 사전에**

명확하게 정리되지 않았기 때문이다.

기준이 모호하면 **성과를 비교할 수 없게 된다.** 리더가 구성원의 성과를 평가할 때는 "누가 더 잘했는가?"가 아니라, "누가 조직의 목표에 더 기여했는가?"를 판단해야 한다. 하지만 기준이 명확하지 않으면, 같은 성과를 두고도 해석이 엇갈린다.

B 본부장은 지난해 평가 과정에서 이런 문제를 경험했다. 본부는 올해 "시장 점유율 확대"를 목표로 설정했지만, 평가 시즌이 되자 팀장들마다 다른 기준을 적용하고 있었다.

"이 팀은 신규 고객을 늘렸으니까 성과가 좋다."

"하지만 이 팀은 고객사의 재구매율을 높였기 때문에 더 높은 평가를 받아야 한다."

"어떤 게 더 중요한 기준인지 합의가 없는데, 어떻게 평가를 하죠?"

결국 평가 기준이 없으니 **성과를 해석하는 방식이 제각각이었고, 평가 과정이 공정하지 않다는 불만이 나올 수밖에 없었다.**

평가 기준을 명확히 하기 위한 3가지 핵심 원칙

• • •

1. 평가 지표를 미리 정의하고 공유하라

- 평가 기준을 명확히 정하지 않으면, 평가 시즌마다 논쟁이 반복된다.
- 캘리브레이션 미팅 전에 "우리 조직의 핵심 성과 지표는 무엇인가?"를 정의하고 공유해야 한다.

2. 동일한 기준을 적용하도록 정렬하라

- 모든 팀이 동일한 평가 기준을 적용할 수 있도록, 사전 교육과 가이드를 제공해야 한다.
- 팀마다 평가 방식이 다르면, 평가 결과에 대한 신뢰가 떨어질 수밖에 없다.

3. 정량적 기준과 정성적 기준을 균형 있게 활용하라

- "숫자로 측정 가능한 성과"와 "조직에 대한 기여도"를 균형 있게 고려해야 한다.
- 정량적 성과(매출, 고객 유치, 프로젝트 완료율)와 정성적 기여(협업 태도, 문제 해결 능력)를 모두 반영해야 한다.

캘리브레이션 미팅에서 성과평가 기준이 정렬되지 않으면, 평가 과정 자체가 조직 내 갈등을 유발하는 요소로 작용할 수 있다. 평가의 목적은 단순한 등급 조정이 아니라, **조직이 가야 할 방향을 정리하고, 구성원들의 성장을 돕는 것**이다. 그러나 평가 기준이 명확하지 않다면, 리더들 간의 논쟁이 격화되고, 평가를 받는 구성원 역시 결과에 대한 신뢰를 잃게 된다. 평가가 공정하고 일관된 방식으로 운영되지 않으면 조직 내부의 균열이 커질 수밖에 없다.

첫 번째 문제는 **팀 간 갈등이 심화된다는 점이다.** 평가 기준이 애매하면, 각 팀은 자신들에게 유리한 해석을 내세우며 경쟁하기 시작한다. 어떤 팀은 "신규 고객 확보"를 핵심 성과로 보고, 다른 팀은 "고객 유지율"을 중요하게 평가한다면, 결국 **서로 다른 기준을 적용하는 팀들이 충돌할 수밖에 없다.** 특히 성과평가 결과가 인사나 보상과 직접 연결되어 있다면, 기준이 불명확한 상태에서 평가가 진행될 경우 더욱 큰 불만이 발생한다. 같은 조직 내에서도 "이 팀은 이렇게 평가받았는데, 우리는 왜 다른 기준이 적용되는가?"라는 의문이 제기될 수 있으며, 이는 조직 내 신뢰를 무너뜨리는 요인이 된다.

두 번째 문제는 **평가 결과에 대한 신뢰가 떨어진다는 점이다.** 구성원은 평가 기준이 일관되지 않다고 느끼면, 평가 자체를 받아들이려 하지 않는다. 조직은 성과를 통해 보상과 기회를 제공하지만, 그 과정이 공정하지 않다면 구성원들은 동기를 잃고 불만을 갖게 된다. 특히 조직이 빠르게 성장하는 과정에서, 평가 기준이 정립되지 않은 상태로 인원이 늘어나면 기존 구성원과 신규 구성원 간의 성과 해석 방식이 달라질 수 있다. 이는 "결국 성과와 무관하게 평가가 이뤄지는 것 아니냐?"는 의심을 불러일으키고, 장기적으로는 조직의 동기 부여에도 부정적인 영향을 미친다. 평가에 대한 신뢰가 사라지면, 구성원들은 자신들의 성과를 증명하기 위해 의미 없는 숫자 경쟁을 하거나, 단기적 성과만을 내세우는 방식으로 움직일 가능성이 커진다.

세 번째 문제는 **성과관리가 형식적인 절차로 전락한다는 점이다.** 평가 기준이 애매한 상태에서 진행되는 평가 과정은 결국 "형식적인 연례 행사"가 되고 만다. 평가가 조직의 방향성을 맞추고 구성원의 성장을 돕는 역할을 하지 못하면, 구성원들은 평가 자체를 무의미한 절차로 인식하게 된다. 특히 "어차피 결과는 정해져 있다"는 인식이 퍼지게 되면, 구성원들은 평가 시즌이 되어도 "이런 회의를 하는 게 무슨 의미가 있느냐"는 태도를 보일 수밖에 없다. 결국 평가 자체가 성과 향상과 조직의 목표 정렬을 위한 과정이 아니라, 단순한 절차적 의무로 변질되며, 조직의 성장에 기여하지 못하는 시스템이 되어버린다.

캘리브레이션 미팅에서 논쟁을 줄이고 평가를 명확하게 하려면, **평가 기준을 사전에 확립하고 공유하는 것이 가장 중요하다.** 평가 기준이 사전에 정리되지 않은 상태에서 캘리브레이션 미팅을 진행하면, 리더들 간의 논쟁이 커지고 평가의 공정성이 흔들리게 된다. 이를 방지하려면, 먼저 성과평가 지표를 명확히 정의하고 이를 모든 리더들에게 공유해야 한다. "올해 우리 조직에서 가장 중요하게 평가할 지표는 무엇인가?"를 미리 정리하고, 각 팀이 동일한 기준을 적용할 수 있도록 조율하는 과정이 필요하다.

또한, **모든 팀이 동일한 기준을 적용할 수 있도록 평가 정렬 과정**을 거쳐야 한다. 성과평가에서 가장 중요한 것은 **공정성과 일관성**이다. 리더들이 캘리브레이션 미팅에서 성과를 논의할 때, 각자의 기준이 아니라 조직이 합의한 기준에 따라 평가를 진행해야 한다. 이를 위해서는 연초부터 평가 기준을 공유하고, 중간 점검을 통해 정렬하는 과정이 필요하다.

마지막으로, **정량적 성과와 정성적 기여를 균형 있게 반영해야 한다.** 성과는 단순한 숫자로만 평가할 수 없으며, 조직 내에서 기여하는 방식도 다양하다. 정량적 지표(매출, 고객 수, 프로젝트 완료율)와 정성적 요소(조직 기여도, 협업 태도, 문제 해결 능력)를 함께 고려하는 평가 방식이 필요하다. 리더들은 단순히 결과만을 보는 것이 아니라, 성과를 창출하는 과정과 조직에 미치는 영향을 함께 분석할 수 있어야 한다.

캘리브레이션은 단순히 "누가 더 높은 점수를 받을지" 싸우는 자리가 아니라, 조직의 방향을 맞추고 성장을 촉진하는 과정이 되어야 한다. 평가 기준이 명확하고 정렬된 조직은 평가 시즌이 되어도 혼란이 줄어들고, 구성원들이 평가 결과를 신뢰할 수 있는 환경을 만든다. 결국, 평가의 목적은 사람을 줄 세우는 것이 아니라, 조직과 개인이 함께 성장할 수 있도록 돕는 것임을 잊어서는 안 된다.

7장

자신과 팀을
모두 준비시킨다

세상에 이른 준비는 없다

평가 시즌이 오기 전에 준비를 끝내야 한다. 캘리브레이션 미팅에서 리더들이 겪는 가장 큰 어려움은 **평가 시즌이 되어서야 모든 걸 급하게 준비한다는 것**이다. 리더들은 연말이 다가오면 갑자기 바빠진다. 구성원의 성과를 다시 돌아보고, 평가 기준을 정리하고, 캘리브레이션 미팅에서 어떤 내용을 논의해야 할지 고민한다. 하지만 이 과정이 평가 시즌에 몰려 있다면, 결국 시간 부족과 정보 부족으로 인해 **허술한 평가**가 될 가능성이 높아

진다.

　성과평가는 **연말에 한 번 하는 절차가 아니라, 연중 지속적으로 준비해야 하는 과정**이다. 평가를 급하게 준비하면 리더도, 구성원도 불만을 가질 수밖에 없다. 구성원은 **"우리 팀은 제대로 평가받지 못했다"**, "평가는 결국 주관적인 판단일 뿐이다"라는 불신을 가지게 되고, 리더는 "이 평가가 정말 공정한가?"라는 고민을 하게 된다. 결국, 평가의 신뢰도를 높이기 위해서는 **리더가 평가 시즌이 오기 전부터 체계적으로 준비해야 한다.**

　많은 리더들이 평가 시즌이 되어서야 급하게 데이터를 모으고 구성원의 성과를 정리하려 한다. 하지만 이 방식은 **평가의 질을 낮추고, 리더 스스로도 과중한 업무 부담을 지게 만든다.**

　이런 문제를 해결하기 위해서는 **리더가 연중 지속적으로 성과 데이터를 정리하고, 평가 기준을 점검하며, 구성원에게 피드백을 제공하는 습관을 가져야 한다.**

　리더는 평가를 준비하는 과정에서 **세 가지 중요한 시점을 고려해야 한다.**

　첫째, 연초부터 상사의 기대와 조직의 방향을 정리하고, 목표를 설정하는 시기이다.

　이 단계에서 목표 설정이 명확하지 않다면, 연말 평가에서 "우리는 왜 이런 평가를 받았지?"라는 혼란이 생길 가능성이 크다.

둘째, 평가 시즌 1~2개월 전부터 데이터를 정리하고 평가 기준을 점검하는 시기이다.

이때 리더는 구성원별 성과 기록을 다시 돌아보고, 평가의 일관성을 유지하기 위한 준비를 해야 한다.

셋째, 평가 시즌 1~2주 전에 최종 점검을 마무리하는 시기이다.

이 단계에서는 캘리브레이션 미팅에서 논의될 주요 쟁점을 미리 파악하고, 불필요한 논쟁을 줄이기 위한 전략을 수립해야 한다.

리더가 평가 시즌 전에 반드시 준비해야 할 것들

● ● ●

1. 성과 데이터를 정리하는 습관을 들여라

많은 리더들이 평가 시즌이 되어야 구성원의 성과를 돌아보려고 한다. 하지만 이 방법은 너무 많은 변수와 기억에 의존하게 만든다.

리더는 연중 성과 데이터를 정리하는 습관을 들여야 한다.

● **구성원별 주요 성과를 월별로 기록하는 시스템을 구**

축하라.

- 성과를 단순한 숫자가 아니라, 실제 기여한 방식과 과정까지 함께 정리하라.
- 구성원에게 자기 성과를 기록하도록 유도하고, 정기적으로 점검하라.

성과 기록이 일관적으로 남아 있어야, 평가 시즌이 되었을 때 논란 없이 객관적인 데이터를 활용할 수 있다.

2. 구성원에게 평가 기준을 미리 공유하라

평가가 불공정하다는 불만은 대부분 **구성원이 평가 기준을 사전에 알지 못했을 때** 발생한다. 리더는 평가 시즌이 오기 전에 구성원에게 평가 기준을 명확히 공유해야 한다.

- 조직의 목표와 팀의 평가 기준을 정리하여 설명하는 시간을 가져라.
- 구성원에게 "올해 우리가 집중해야 할 핵심 성과는 무엇인가?"를 명확히 전달하라.
- 평가가 단순히 점수 매기는 과정이 아니라, 성장의 기회라는 점을 강조하라.

구성원이 평가 기준을 알고 있어야 **평가 시즌에 갑작스러**

운 불만을 줄이고, 팀 전체의 방향성을 맞출 수 있다.

3. 평가의 공정성을 확보하기 위한 사전 조치를 하라

리더가 평가를 준비하는 과정에서 가장 중요한 것은 **공정성에 대한 신뢰를 확보하는 것**이다. 구성원이 평가 결과를 납득하지 못하면, 아무리 좋은 평가 시스템을 운영해도 조직 내 불만이 커질 수밖에 없다.

이를 방지하기 위해 리더는 다음과 같은 사전 조치를 해야 한다.

- **구성원별 성과 리뷰를 중간에 한 번 진행하고, 피드백을 제공하라.**
- **팀장급 리더들과 사전에 미팅을 통해 평가 기준을 정렬하라.**
- **주관적인 해석이 개입될 여지를 최소화하기 위해, 평가 항목을 미리 정리하라.**

4. 예상되는 논쟁을 사전에 점검하고 대비하라

평가 시즌이 다가오면, **항상 논란이 되는 구성원이 있기 마련이다.** 어떤 구성원은 높은 성과를 냈지만 협업에 문제가 있었고, 어떤 구성원은 정량적인 성과는 부족했지만 조직 내 기여도가 높았다.

리더는 캘리브레이션 미팅에서 논란이 될 만한 인물이나 평가 기준을 미리 점검하고, 이에 대한 대응 전략을 준비해야 한다.

- "이 성과는 숫자로 보면 높지만, 지속 가능성이 있는가?"
- "이 구성원은 조직에 긍정적인 영향을 미쳤는가?"
- "객관적으로 평가했을 때, 이 성과는 다른 팀과 비교해 타당한가?"

이러한 질문들을 평가 전에 미리 점검해 두면, 캘리브레이션 미팅에서 불필요한 논쟁을 피할 수 있다.

캘리브레이션 미팅이 혼란스러워지는 이유는 **평가 시즌 전에 충분한 준비가 되지 않았기 때문이다.** 리더가 사전에 성과 데이터를 정리하고, 평가 기준을 공유하며, 예상되는 논쟁을 점검하지 않으면 평가 과정에서 논란이 커질 수밖에 없다.

리더가 평가 시즌 전에 준비해야 할 핵심 요소는 다음과 같다.

1. 성과 데이터를 연중 정리하고 기록하는 습관을 들인다.

2. 구성원에게 평가 기준을 미리 공유하여 예측 가능성을 높인다.

3. 평가의 공정성을 확보하기 위해 사전 조치를 취한다.

4. 캘리브레이션 미팅에서 논란이 될 만한 요소들을 사전에 점검하고 대비한다.

평가는 단순히 "누가 더 높은 점수를 받을 것인가?"를 결정하는 과정이 아니다. 리더가 평가 시즌을 효과적으로 준비해야만, 캘리브레이션 미팅이 논란이 아니라 조직의 성장을 위한 생산적인 과정이 될 수 있다.

예하 리더들이 준비할 수 있도록 가이드한다

캘리브레이션을 효과적으로 운영하려면, 단순히 평가 시즌에 데이터를 모으는 것이 아니라 **평소에 점들을 모으는 과정이 필요하다.** 개별적인 사건이나 성과를 기록하지 않으면, 평가 시즌이 되어서야 급하게 데이터를 찾느라 혼란이 생길 수밖에 없다. 캘리브레이션 리더의 역할은 **마지막 순간에 성과를 해석하는 것이 아니라, 점들을 꾸준히 모아 연결할 수 있도록 시스템을 운**

영하는 것이다.

시스템이 갖춰져 있어도 기록이 잘 이루어지지 않는 경우, 리더는 팀 리더들에게 **기록을 강조하는 것**만으로는 부족하다. 단순히 "기록하세요"라고 말하는 것이 아니라, **기록이 자연스럽게 정착되도록 환경을 만들어야 한다.** 이를 위해 리더는 팀 리더들에게 **정기적인 리뷰를 습관화하도록 유도해야 한다.** 매월 혹은 분기별로 간단한 성과 리뷰를 진행하면서, "이달의 주요 성과는 무엇이었나?", "성과를 내는 과정에서 어떤 장애물이 있었나?" 같은 질문을 던지는 것만으로도 기록이 활성화될 수 있다.

또한, 캘리브레이션 리더는 **단순한 데이터가 아니라 패턴을 보도록 유도해야 한다.** 평가 시즌이 되면 많은 리더들이 "이 사람은 이번 분기에 높은 성과를 냈다"와 같은 개별적인 성과에 집중한다. 하지만 캘리브레이션의 핵심은 **한순간의 성과가 아니라, 일관된 성과의 흐름을 파악하는 것**이다. 이를 위해 리더는 팀 리더들이 정량적인 수치뿐만 아니라 **성과의 상승과 하락 패턴, 기여 방식의 변화**까지 기록하도록 도와야 한다.

마지막으로, **캘리브레이션 리더가 직접 기록을 확인하고 피드백을 주는 과정도 중요하다.** 단순히 기록을 요청하는 것이 아니라, 실제 기록된 데이터를 점검하고, 의미 있는 성과를 공유하며, 좋은 기록 사례를 칭찬하는 것이 필요하다. "이 기록은 캘리브레이션에서 중요한 논의를 이끌 수 있겠네요" 같은 피드백이 반복되면, 자연스럽게 팀 리더들은 기록의 중요성을 체감하게 되고, 기록하는 습관이 자리 잡게 된다.

궁극적으로, **캘리브레이션은 단순한 평가가 아니라, 점들을 모아 선을 그리는 과정이다.** 평소에 점들을 모아두지 않으면, 평가 시즌이 되어도 아무것도 연결할 수 없다. 리더는 평가 시즌이 되기 전에, **팀 리더들이 성과를 정기적으로 기록하고, 이를 패턴으로 해석할 수 있도록 돕는 역할을 해야 한다.** 그렇게 해야 마지막 순간에 점들이 자연스럽게 연결되어, 평가가 논쟁이 아니라 조직의 방향을 정리하는 과정이 될 수 있다.

조직의 성과평가는 단독으로 수행할 수 있는 작업이 아니라, **각 팀을 이끄는 하위 리더들이 제대로 준비하고 정렬되어 있어야 한다.**

많은 리더들이 평가 시즌이 다가와서야 "우리 팀 리더들이 준비를 얼마나 했는가?"를 확인하려 한다. 하지만 그때는 이미 늦다. 하위 리더들은 평가 기준을 제대로 이해하고 있어야 하고, 구성원의 성과를 정리하고, 평가의 공정성을 유지할 준비를 마쳐야 한다. **이 과정이 제대로 이뤄지지 않으면, 최종 캘리브레이션 미팅은 혼란 속에서 끝없는 논쟁으로 이어질 수밖에 없다.**

하위 리더들의 역할은 단순히 **구성원의 성과를 평가하는 것**

이 아니다. 그들은 **조직의 목표와 구성원의 성과를 연결하는 중간 역할**을 수행해야 하며, 평가 시즌 동안 리더가 올바른 결정을 내릴 수 있도록 신뢰할 만한 데이터를 제공해야 한다. 그렇다면, **하위 리더들은 평가 시즌 전에 무엇을 준비해야 하는가?**

하위 리더들은 평가 시즌이 되기 전에 **세 가지를 반드시 준비해야 한다.**

첫째, 구성원의 성과 기록을 지속적으로 정리해야 한다.

둘째, 조직과 팀의 평가 기준을 명확히 이해하고 구성원에게 사전에 공유해야 한다.

셋째, 평가의 공정성을 확보하기 위해 데이터를 기반으로 한 평가 시스템을 구축해야 한다.

이 세 가지 요소가 제대로 준비되지 않으면, 캘리브레이션 미팅에서 팀 리더들은 신뢰할 만한 정보를 제공하지 못하고, 결국 감에 의존한 평가가 이뤄질 수밖에 없다. **리더가 평가를 공정하게 운영하기 위해서는, 하위 리더들이 평가의 기본을 철저히 준비해야 한다.**

① 하위 리더들이 구성원의 성과 기록을 지속적으로 정리하게 하라

평가 시즌이 되면 많은 팀 리더들이 "지난해 성과를 다시 돌아봐야 한다"며 자료를 찾기 시작한다. 하지만 성과 기록이 체계적으로 정리되지 않았다면, 기억에 의존하거나 순간적인 인상을 기반으로 평가할 가능성이 높아진다. **이렇게 되면 평가의 공정성이 훼손될 수밖에 없다.**

성과 기록은 평가 시즌에 한꺼번에 정리하는 것이 아니라, **연중 지속적으로 관리해야 한다.** 리더가 연말이 되어서야 구성원의 성과를 돌아보는 것이 아니라, **하위 리더들이 매월 또는 분기별로 주요 성과를 기록하고 정리하는 습관을 가져야 한다.**

이를 위해서는 다음과 같은 원칙이 필요하다.

첫째, 성과를 숫자로만 기록하지 말고, 기여한 과정까지 정리해야 한다.

둘째, 구성원에게 스스로 성과를 기록하는 문화를 정착시켜야 한다.

셋째, 정기적인 리뷰를 통해 성과 기록이 일관되게 유지되도록 해야 한다.

B 실장은 지난해 평가 시즌이 되어서야 팀 리더들에게 성과

기록을 요청했다. 하지만 대부분의 팀 리더들은 "기억나는 대로 정리하겠다"는 답변을 했다. 결국, 일부 구성원은 자신이 했던 기여를 제대로 평가받지 못했고, 반대로 일부는 과대 평가되는 문제가 발생했다. 이를 경험한 후, B 실장은 올해부터 팀 리더들에게 "월별 성과 기록 시스템"을 도입했다. 매달 구성원의 주요 성과를 문서화하도록 했고, 이를 기반으로 평가 시즌에 논란을 최소화했다.

② 평가 기준을 명확히 이해하고, 구성원에게 사전에 공유하게 하라.

많은 팀 리더들이 평가 기준을 정확히 이해하지 못한 채 평가 시즌을 맞이한다. 이는 평가 결과에 대한 신뢰를 떨어뜨리는 가장 큰 원인이 된다.

평가 기준이 명확하지 않으면, 구성원은 "무슨 기준으로 평가받는지"를 알지 못한 채 막연한 불안감을 갖게 된다. 평가 시즌이 되어서야 "우리는 이런 기준으로 평가받습니다"라고 알려준다면, 구성원은 평가 결과를 받아들이기 어려워진다.

이 문제를 방지하려면, 팀 리더들은 **평가 기준을 정확히 이해하고, 구성원에게 사전에 공유해야 한다.**

첫째, 평가 기준을 구성원과 정기적으로 논의하는 시간을 가져야 한다.

둘째, 평가가 단순히 등급을 매기는 과정이 아니라, 성장의 기회라는 점을 강조해야 한다.

셋째, 평가 기준이 왜 중요한지, 어떤 의미를 가지는지를 구성원이 이해할 수 있도록 해야 한다.

C 본부장은 올해 평가 시즌을 앞두고, 팀 리더들에게 "올해 평가 기준을 구성원에게 직접 설명하는 시간을 가지라"고 요청했다. 이를 통해 구성원은 평가가 단순한 등급 조정이 아니라, 조직의 목표와 개인의 성장 기회를 연결하는 과정이라는 것을 명확히 이해할 수 있었다.

③ 평가의 공정성을 확보하기 위한 데이터 기반 평가 시스템을 구축하라

하위 리더들이 평가의 공정성을 확보하기 위해서는, **주관적인 판단이 아닌 데이터에 기반한 평가를 해야 한다.** 하지만 현실적으로 많은 조직에서는 감과 인상을 기반으로 평가가 이루어지는 경우가 많다.

이를 방지하려면, **팀 리더들이 데이터를 활용하여 평가를 진**

행하는 습관을 정착시켜야 한다.

첫째, 정량적인 데이터와 정성적인 평가 요소를 함께 고려해야 한다.

둘째, 평가 항목이 일관되게 적용되도록 가이드라인을 제공해야 한다.

셋째, 팀 리더들이 평가 시즌 전에 데이터를 검토하고, 논란이 될 만한 부분을 사전에 정리하도록 해야 한다.

D 실장은 지난해 캘리브레이션 미팅에서 팀 리더들이 "이 구성원은 열심히 일했습니다"라는 주관적인 의견만을 제시하는 것을 보고 문제를 인식했다. 그는 올해 평가를 앞두고, 모든 팀 리더들에게 성과 데이터를 사전에 정리하도록 요청했다. 그 결과, 캘리브레이션 미팅에서 "이 구성원의 성과는 지난 분기 대비 20% 향상되었습니다"와 같은 구체적인 데이터를 기반으로 한 논의가 가능해졌고, 평가의 신뢰도가 훨씬 높아졌다.

하위 리더들이 준비되지 않으면, 평가의 질이 낮아진다. 캘리브레이션 미팅이 공정하게 운영되려면, 리더 혼자가 아니라, 하위 리더들이 철저히 준비해야 한다.

1. 구성원의 성과를 지속적으로 기록하는 문화를 정착시켜라.

2. 평가 기준을 명확히 이해하고, 구성원에게 사전에 공유

하라.

3. 데이터를 기반으로 평가하는 시스템을 구축하라.

하위 리더들이 평가 시즌 전에 철저히 준비해야, 최종 캘리브레이션 미팅이 논란이 아니라 **생산적인 조정 과정이 될 수 있다.**

캘리브레이션 미팅 1개월 전, 해야 할 일

평가 시즌 1개월 전은 캘리브레이션 준비의 골든 타임이다. 이 시점에서 리더가 해야 할 일은 명확하다. **지금까지 모아온 점들을 연결하여 평가 기준을 정리하고, 논쟁을 줄이기 위한 사전 조치를 취하며, 팀 리더들이 평가를 체계적으로 진행할 수 있도록 조정하는 것**이다.

1개월 전부터 준비해야 하는 이유는 단순하다. 평가 시즌이 임박하면 리더들은 더 긴급한 업무에 몰려 평가 준비에 집중할 시간이 부족해진다. 또한, 성과 데이터를 검토하고 평가 기준을 정리하는 과정에서 예측하지 못했던 문제가 발견될 수도 있다. **이 시기에 충분한 검토와 정렬이 이루어지지 않으면, 최종 캘리브레이션 미팅에서 논쟁이 커질 가능성이 높다.**

리더는 평가 시즌 1개월 전부터 **성과 데이터를 확인하고, 평가 기준을 점검하며, 하위 리더들과의 정렬을 통해 평가의 일관성을 확보해야 한다.** 이 과정이 없으면 캘리브레이션 미팅은 단순한 숫자 조정이 아니라 논쟁과 감정 소모의 장으로 변할 수 있다.

평가 기준을 최종 점검하고 정렬하라. 이 시점에서 가장 먼저 해야 할 일은 **평가 기준을 최종적으로 점검하는 것이다.** 평가 기준이 명확하지 않으면, 팀 리더들이 각기 다른 기준으로 평가를 진행하게 되고, 결과적으로 불필요한 논쟁이 발생할 수 있다.

리더는 이 시기에 다음 질문을 던져야 한다.

- 올해의 평가 기준이 초기에 설정한 조직 목표와 일치하는가?
- 팀 리더들이 평가 기준을 동일하게 적용하고 있는가?
- 평가 과정에서 논란이 될 수 있는 모호한 부분은 없는가?

평가 기준을 최종 정리할 때는 정량적 지표뿐만 아니라 정성적 요소도 함께 고려해야 한다. "성과 수치는 높지만 협업이 부족한 팀원은 어떻게 평가할 것인가?", "조직에 기여도가 높은데 숫자로 증명되지 않는 성과는 어떻게 다룰 것인가?"와 같은 이슈를 사전에 점검해야 한다.

이 시점에서 평가 기준을 다시 한번 점검하고 정렬하면, 캘리브레이션 미팅에서 불필요한 논쟁을 피할 수 있다.

예상되는 논쟁을 미리 파악하고 사전 조치를 취하라. 캘리브레이션 미팅에서 반복적으로 발생하는 문제 중 하나는 **예상 가능한 논쟁을 사전에 해결하지 않고 캘리브레이션 미팅에서 부딪힌다는 점이다.** 평가 시즌 1개월 전은 이러한 논란을 미리 정리할 수 있는 중요한 시기다.

리더는 이 시점에서 다음과 같은 사전 조치를 취해야 한다.

- **평가 결과에 대해 반발할 가능성이 있는 팀원들을 사전 점검하라.**
- **팀 리더들에게 평가 기준에 대한 명확한 가이드를 다시 전달하라.**
- **논쟁이 예상되는 항목**(예: 협업 기여도, 숫자로 증명되지 않는 성과)**에 대한 기준을 미리 논의하라.**

평가 과정에서 논란이 될 수 있는 인물이나 기준을 미리 파악하고 사전 조정을 하면, 최종 캘리브레이션 미팅에서 감정적인 대립을 줄일 수 있다.

A 본부장은 지난해 캘리브레이션 미팅에서 팀 리더들이 특정 구성원의 평가를 두고 격렬하게 논쟁을 벌이는 것을 경험했다. 그 구성원은 정량적 성과가 뛰어나지만, 조직 내 협업이 부족하다는 평가를 받고 있었다. 하지만 사전에 이에 대한 논의가 없었기 때문에 캘리브레이션 미팅이 감정적인 논쟁으로 이어졌다. 올해 A 본부장은 평가 시즌 1개월 전에 팀 리더들과 별도 미팅을 진행하여 "협업 기여도가 낮지만 성과가 뛰어난 인물은 어떻게 평가할 것인가?"라는 주제를 사전에 논의했다. 이를 통해 평가 기준이 정리되었고, 최종 캘리브레이션 미팅에서 논쟁 없이 평가가 진행될 수 있었다.

하위 리더들이 평가를 체계적으로 진행할 수 있도록 점검해야 한다. 캘리브레이션 미팅에서 리더가 제대로 된 결정을 내리기 위해서는, **팀 리더들이 올바르게 평가를 준비했는지 점검해야 한다.** 평가 시즌이 시작되면, 팀 리더들이 충분한 준비 없이 성과를 기억에 의존하거나 감으로 평가하는 경우가 있다.

리더는 평가 시즌 1개월 전부터 팀 리더들에게 다음과 같은 점을 확인해야 한다.

- 각 팀 리더들이 평가를 위한 데이터를 충분히 확보하고 있는가?

- 평가 기준을 일관되게 적용할 수 있도록 이해하고 있는가?
- 평가에 대한 팀원들의 인식을 조정하기 위한 준비가 되어 있는가?

이 과정에서 팀 리더들이 평가를 급하게 진행하지 않도록 하기 위해, 평가 자료를 정리할 시간을 충분히 제공해야 한다. 평가 시즌 1개월 전에 **중간 리뷰 미팅**을 진행하여, 팀 리더들이 현재까지의 성과 데이터를 정리하고 부족한 부분을 보완할 수 있도록 유도하는 것도 좋은 방법이다.

B 실장은 지난해 평가 시즌이 되자 팀 리더들이 "지금 당장 평가 데이터를 정리할 시간이 없다"며 성과를 급하게 정리하는 문제를 경험했다. 올해 그는 평가 시즌 1개월 전에 팀 리더들이 성과 데이터를 정리하고 공유하는 시간을 마련했고, 이 과정에서 평가에 대한 혼란을 줄일 수 있었다.

성과 피드백을 위한 준비를 시작해야 한다. 캘리브레이션 미팅이 끝나면, 리더는 팀원들에게 성과평가 결과를 전달해야 한다. 하지만 많은 리더들이 캘리브레이션 미팅 이후에야 "어떻게 피드백을 전달할 것인가?"를 고민하기 시작한다.

리더는 평가 시즌 1개월 전부터 평가 피드백을 어떻게 전달할지 고민하고 준비해야 한다.

- 피드백 전달의 핵심 메시지는 무엇인가?
- 팀원별로 강조해야 할 성과와 개선점은 무엇인가?
- 피드백을 통해 팀원들이 다음 성장을 위한 방향을 어떻게 설정할 것인가?

특히 피드백 전달 방식은 평가 결과를 받아들이는 방식에 영향을 미친다. 단순히 "당신의 성과 등급은 B입니다"가 아니라, "이번 평가에서는 이런 강점이 돋보였고, 다음 단계에서 이런 부분을 더 강화하면 좋겠다"와 같이 **구체적인 성장 방향을 제시하는 피드백**이 되어야 한다.

이 시점에서 피드백 전략을 준비하면, 평가가 단순한 등급 조정이 아니라 **팀원들의 성장과 연결될 수 있도록 할 수 있다.**

평가 시즌 1개월 전, 리더는 정렬과 조정을 마쳐야 한다. 1개월 전은 단순한 자료 정리 기간이 아니라, **캘리브레이션의 최종 정렬과 조정을 위한 핵심 시기**이다.

1. 평가 기준을 최종 점검하고 정렬하라.
2. 예상되는 논쟁을 사전에 조정하여 감정적 대립을 줄여라.
3. 팀 리더들이 평가를 체계적으로 준비할 수 있도록 점검하라.

4. 성과 피드백을 위한 전략을 미리 준비하여 평가 이후까지 고려하라.

이 모든 과정이 완료되어야, 캘리브레이션 미팅이 논쟁이 아니라 생산적인 조정 과정이 될 수 있다.

캘리브레이션 미팅 4주 전,
본부장이 예하 팀장들에게 보내는 레터

• • •

안녕하세요, ○○○입니다.

캘리브레이션 미팅을 준비하면서 다시 한번 많은 생각을 하게 됩니다.

우리가 이 미팅을 진행하는 이유는 무엇일까요?

이 과정이 정말 우리 조직과 사람들에게 의미 있는 시간 이 될까요?

성과를 평가하는 것은 결코 쉬운 일이 아닙니다. 한 사람 한 사람의 노력과 기여를 숫자로 환산하고, 비교하고, 조 정하는 과정이 때로는 냉정하게 느껴질 수도 있습니다.

그러나 우리가 이 미팅을 단순한 평가의 자리로만 바라

본다면, 그것은 조직과 사람들에게 더 이상 성장의 기회가 될 수 없습니다.

저는 이번 캘리브레이션 미팅이 형식적인 절차가 아니라, 우리 본부의 방향성을 함께 정렬하고, 구성원 한 명 한 명의 성장을 함께 고민하는 자리가 되기를 바랍니다. 우리가 함께 논의해야 할 것은 "누가 더 좋은 등급을 받을 것인가?"가 아니라, "누가 앞으로 더 성장할 수 있는가?", "누가 더 많은 기회를 가져야 하는가?", 그리고 "누가 더 나은 성과를 낼 수 있도록 도울 것인가?"입니다.

본부의 미래는 누가 만들어 가야 할까요?

지금 우리의 조직에서 빛을 내고 있는 사람들은 누구이고, 그들이 더 큰 무대에서 활약할 수 있도록 하기 위해 우리가 해야 할 일은 무엇일까요?

그리고 아직 충분한 성과를 내지 못한 사람들에게는 어떤 기회와 방향을 제시해야 할까요?

우리가 함께 고민하고 논의해야 할 것은 바로 이런 것들입니다. 이번 미팅이 단순한 평가 회의가 아니라, 우리 본부의 미래를 설계하는 시간이 되기를 바랍니다. 각 팀장님들께서는 이러한 취지에 공감해 주시길 바라며, 아래 내용을 충실히 준비해 주시면 감사하겠습니다.

[캘리브레이션 미팅 개요]

📌 **일정 및 장소**

- 일시: 2025년 5월 16일 ○○시 ○○분 ~ ○○시 ○○분 (4시간)
- 장소: 회의실

📌 **논의할 주요 내용**

1. 임팩트 플레이어 선정 및 성장 방향 논의
- 추천 대상자 리뷰 및 선정 기준 확인
- 임팩트 플레이어의 현재 성과와 조직 기여도 검토
- 향후 성장 기회 및 역할 확대 방안 논의
- 팀 및 본부 차원의 임팩트 플레이어 육성 계획 수립

2. 턴어라운드 플레이어 검토 및 개선 계획 수립
- 추천 대상자 리뷰 및 검증 포인트 확인
- 턴어라운드 플레이어 선정 기준에 부합하는지 검토
- 핵심 이슈 분석: 성과 부족 원인 및 조직 기여도 평가
- 개선 계획 및 후속 조치 결정(피드백, 지원, 재배치 등)

3. 미들 퍼포머 성장 및 코칭 방향 논의
- 대상자별 현황 검토 및 성장 가능성 평가
- 미들 퍼포머 유형별 성장 지원 방안 논의
- 팀장별 코칭 전략 및 후속 관리 방향 설정
- 미들 퍼포머의 동기 부여 및 기여도 향상을 위한 조직 차원의 지원책 마련

✦ 팀장님들이 사전에 준비해야 할 사항
- 구성원 개인별 프로파일 준비
- 임팩트 플레이어 추천 대상자, 턴어라운드 플레이어 선정 대상자 검토
- 시스템에 기재된 피드백 내용 확인

이번 미팅에서는 단순히 등급을 조정하는 것이 아니라, 우리 본부의 방향을 정렬하고 구성원 개개인의 성장과 기여를 극대화하는 방법을 논의하는 자리가 될 것입니다. 우리가 함께 고민하는 이 시간이, 우리 본부의 더 나은 미래를 만들어 가는 출발점이 될 것이라 믿습니다. 감사합니다.

캘리브레이션 미팅 1주 전, 해야 할 일

캘리브레이션 미팅이 1주 앞으로 다가왔다. 이 시점에서 리더가 해야 할 일은 **최종 점검과 실질적인 준비를 마무리하는 것이**다. 성과 데이터도 정리를 최종 확인하고, 사전 확인이 안 된 팀을 위주로 확인을 한다. **캘리브레이션 미팅이 실제로 효과적으로 진행되려면, 마지막 일주일 동안 리더가 최종적으로 해야 할 몇 가지 중요한 작업들이 남아 있다.**

이제는 **기록된 데이터를 최종 검토하고, 평가 자료를 정리하며, 캘리브레이션 미팅에서 논의될 주요 이슈를 미리 점검하는 단계다.** 또한, 캘리브레이션 미팅 이후 구성원들에게 피드백을 전달하는 과정까지 염두에 두고, 평가가 단순한 등급 조정이 아니라 **팀원들의 성장과 조직의 방향성을 정렬하는 기회가 될 수 있도록** 준비해야 한다.

캘리브레이션 미팅이 1주 앞으로 다가오면, 모든 성과 데이터를 다시 한번 점검해야 한다.

리더는 이 시점에서 다음과 같은 질문을 던져야 한다.

- **기록된 성과 데이터가 정확하고 일관성이 있는가?**

- 성과의 흐름이 보이는가, 아니면 단편적인 데이터만 존재하는가?
- 모든 팀원들의 성과가 공정한 기준으로 평가될 수 있도록 정리되었는가?

이 시점에서는 "데이터를 모으는 것"이 아니라, "데이터를 해석하고 정리하는 것"이 중요하다.

A 실장은 지난해 캘리브레이션 미팅에서 기록된 데이터가 충분하지 않아, 논의가 직감과 인상에 의존하게 되는 문제를 경험했다. 올해 그는 평가 시즌 1주 전, 팀 리더들에게 성과 데이터를 최종 검토할 시간을 따로 할애하고, "성과 흐름을 볼 수 있도록 정리해 오라"는 지시를 내렸다. 그 결과, 캘리브레이션 미팅에서 객관적인 데이터를 기반으로 한 논의가 가능해졌고, 불필요한 감정적 논쟁을 피할 수 있었다.

캘리브레이션 미팅에서는 단순한 성과평가가 아니라, **조직의 방향과 성과 정렬을 위한 핵심 논의가 이루어진다.**

하지만 많은 경우, 예상치 못한 논쟁이 발생하면서 캘리브레이션 미팅이 계획보다 길어지고, 불필요한 감정적 충돌이 생긴다. 이를 방지하려면, **캘리브레이션 미팅 1주 전에 논의될 주요 이슈를 미리 점검하고, 필요하면 일부 사안을 사전에 조정하는**

것이 중요하다.

리더는 다음과 같은 사항을 미리 확인해야 한다.

- 논란이 예상되는 성과평가 대상자는 누구인가?
- 각 팀의 평가 기준 적용 방식이 일관되는가?
- 캘리브레이션 미팅에서 집중적으로 논의해야 할 주요 쟁점은 무엇인가?

이 과정을 통해 **불필요한 논쟁을 줄이고, 캘리브레이션 미팅이 조직의 목표와 방향성을 맞추는 생산적인 과정이 될 수 있도록 정리할 수 있다.**

B 본부장은 지난해 캘리브레이션 미팅에서 특정 팀의 평가 기준 적용 방식이 다른 팀들과 일치하지 않아 큰 논란이 된 경험이 있다. 올해 그는 평가 시즌 1주 전에 각 팀 리더들과 개별 미팅을 진행하여, 평가 기준 적용 방식을 사전에 정렬했다. 이를 통해 캘리브레이션 미팅에서 기준을 두고 논쟁이 발생하는 일을 사전에 방지할 수 있었다.

캘리브레이션 미팅이 원활하게 진행되려면, **팀 리더들이 평가를 체계적으로 준비하고, 효과적으로 논의할 수 있도록 해야 한다.** 평가 시즌 1주 전에는 팀 리더들에게 평가의 핵심 요소를 다시 한번 정리하고, 최종적인 조율을 마치는 과정이 필요하다. 리더는 팀 리더들에게 다음과 같은 점을 확인해야 한다.

- 각 팀 리더들이 평가 자료를 완벽하게 준비했는가?
- 팀 리더들이 캘리브레이션 미팅에서 효과적으로 의견을 제시할 수 있도록 준비되었는가?
- 논의가 감정적이 아니라 데이터 중심으로 진행될 수 있도록 사전 조율되었는가?

이러한 과정이 없으면, 캘리브레이션 미팅에서 팀 리더들이 준비되지 않은 상태로 참여하게 되고, 결과적으로 논의가 비효율적으로 진행될 가능성이 커진다.

C 부문장은 지난해 캘리브레이션 미팅에서 일부 팀 리더들이 준비 없이 참석하여, 평가 과정이 비효율적으로 진행되는 문제를 경험했다. 올해 그는 평가 시즌 1주 전에 "캘리브레이션 사전 체크리스트"를 팀 리더들에게 배포하고, 사전에 반드시 확인해야 할 사항을 점검하도록 요청했다. 이를 통해 캘리브레이션 미팅이 보다 효율적으로 운영될 수 있었다.

캘리브레이션 하루 전, 해야 할 일

캘리브레이션 미팅을 하루 앞둔 시점, 리더가 해야 할 일은 **최종 조율이다.**

지금까지 평가 기준을 정리하고, 성과 데이터를 확보했으며, 논쟁이 예상되는 부분에 대한 사전 조치를 취해왔다. 하지만 마지막 순간까지 긴장을 놓칠 수는 없다. **캘리브레이션 미팅이 성공적으로 진행되려면, 평가 하루 전 최종 안내를 통해 모든 리더들이 같은 방향을 바라보도록 정리해야 한다.**

이 단계에서 중요한 것은 "이제 모든 준비는 끝났다"는 메시지를 주는 것이 아니다. 오히려 "마지막까지 철저하게 준비하자"라는 긴장감을 유지하면서, 각 리더들이 캘리브레이션 미팅에서 해야 할 역할을 명확히 이해하도록 돕는 것이 핵심이다.

캘리브레이션 미팅의 목표를 다시 한번 공유한다. 평가 하루 전, 리더들은 다시 한번 **캘리브레이션의 본질을 상기해야 한다.** 캘리브레이션 미팅은 단순히 **누가 A고, 누가 B인지 정하는 자리가 아니다.** 조직의 방향성을 맞추고, 평가 기준을 정렬하며, 성과를 객관적으로 조정하는 자리다. 평가 당일이 되면, 리더들은 종종 숫자나 등급에만 집중하려는 경향이 있다. 하지만 중요한 것은 이 평가가 조직의 성장과 연결되는가?를 점검하는 과정이다.

따라서 하루 전, 리더들에게 다음과 같은 핵심 메시지를 전달해야 한다.

- 우리는 숫자가 아니라 의미를 정렬해야 한다.
- 성과를 비교하는 것이 아니라, 조직의 목표와 정렬하는 것이 핵심이다.
- 논쟁이 아니라, 객관적인 조정을 통해 조직의 방향성을 맞춰야 한다.

이 메시지를 통해 리더들이 평가의 본질을 잊지 않고 캘리브레이션 미팅에 임할 수 있도록 만들어야 한다.

각 리더들에게 캘리브레이션 미팅에서 해야 할 역할을 명확히 전달한다. 캘리브레이션 미팅에서는 리더들이 단순한 참여자가 아니라, 논의를 주도하는 역할을 해야 한다. 하지만 일부 리더들은 "나는 내 팀의 성과만 보고하면 된다. 우리 팀에 더 많은 사람이 좋은 평가를 받기만 하면 된다. 우리팀에 최하위자들은 없으면 된다"는 생각을 갖고 있을 수도 있다. 이를 방지하기 위해, 하루 전 최종 안내에서 각 리더들이 캘리브레이션 미팅에서 해야 할 역할을 명확히 전달해야 한다.

✓ **객관적인 시각을 유지할 것**
자신의 팀원만을 옹호하려는 태도를 경계하고, **조직 전체의 관점에서 평가에 참여해야 한다.**

✓ **데이터와 사례를 기반으로 논의할 것**
단순한 의견이나 감이 아니라, **구체적인 성과 데이터와 사례를 근거로 논의하도록 유도해야 한다.**

✓ **다른 팀의 성과를 존중하며 논의할 것**
캘리브레이션 미팅은 경쟁이 아니라 조정의 과정이다. 다른 팀의 성과를 깎아내리는 방식이 아니라, **공정한 기준을 찾는 방식으로 논의가 이루어져야 한다.**

이 메시지를 전달하지 않으면, 캘리브레이션 미팅에서 **불필요한 방어적인 태도**가 나올 가능성이 커진다. 하루 전, 리더들이 객관적인 자세로 임할 수 있도록 준비시켜야 한다.

논쟁이 예상되는 부분을 다시 한번 점검해야 한다. 캘리브레이션 미팅에서 가장 시간이 지연되는 부분은 **논쟁이 벌어지는 순간들**이다. 논쟁 자체가 나쁜 것은 아니지만, **불필요한 논란으로 인해 핵심 논의가 방해받지 않도록 사전에 점검하는 것이 중**

요하다.

평가 하루 전, 리더들은 **논쟁이 예상되는 주요 이슈를 다시 한번 확인해야 한다.**

- 특정 구성원의 평가를 두고 이견이 있을 가능성이 있는가?
- 팀 간 평가 기준이 달라 논란이 될 만한 부분이 있는가?
- 감정적인 논쟁으로 번질 가능성이 있는 주제는 무엇인가?

특히 **임팩트 플레이어와 턴어라운드 플레이어에 대한 논의는 대부분의 조직에서 가장 많은 논쟁을 유발하는 부분**이다. 평가 하루 전, 이러한 논의가 감정적인 대립이 아니라 객관적인 조정을 위한 과정이 될 수 있도록 리더들에게 미리 주의를 환기해야 한다.

B 부문장은 지난해 캘리브레이션 미팅에서 특정 팀장이 감정적으로 대응하는 바람에 논의가 한 시간 넘게 지연된 경험이 있었다. 올해 그는 평가 하루 전, 주요 팀 리더들과 개별적으로 논의를 하면서 "이 부분에서 논란이 있을 수 있는데, 어떻게 조정할까요?"라는 질문을 던졌다. 그 결과, 캘리브레이션 미팅 당일에는 불필요한 감정 싸움 없이 논의가 정리될 수 있었다.

평가 프로세스와 캘리브레이션 미팅 운영 방식을 다시 한번

정리해야 한다. 캘리브레이션 미팅은 **명확한 운영 방식이 없으면 비효율적인 논쟁으로 이어질 가능성이 크다.** 따라서 하루 전, 리더들에게 평가 프로세스를 다시 한번 공유하고, 논의가 효율적으로 진행될 수 있도록 준비해야 한다.

✓ **논의 방식:** 각 팀 리더가 사전에 준비한 성과 자료를 공유하고, 이에 대한 의견을 나눈다.

✓ **논쟁 발생 시 해결 원칙:** 논쟁이 길어지면, 데이터와 조직의 목표를 기준으로 해결한다.

✓ **최종 결정 방식:** 합의가 어려운 경우, 최종 결정 권한이 누구에게 있는지 명확히 한다.

이런 운영 방식을 사전에 다시 한번 공유하면, 캘리브레이션 미팅이 혼란 없이 진행될 가능성이 높아진다.

캘리브레이션 미팅이 하루 앞으로 다가온 지금, 리더가 해야 할 일은 **최종적인 조율과 안내를 통해 캘리브레이션 미팅이 원활하게 진행될 수 있도록 준비하는 것**이다.

1. 캘리브레이션 미팅의 목표를 다시 한번 공유하라.
2. 각 리더들이 캘리브레이션 미팅에서 해야 할 역할을 명확

히 전달하라.

3. 논쟁이 예상되는 부분을 다시 한번 점검하라.

4. 평가 프로세스와 운영 방식을 명확히 정리하라.

이 마지막 조율이 제대로 이루어지면, **캘리브레이션 미팅**은 혼란 없이 조직의 성장과 방향성을 정리하는 생산적인 과정이 될 수 있다.

8장

논의를 촉진하는 리더가
세션의 흐름을 결정한다
(결정 전에는 치열하게, 결정 후에는 따른다)

부담을 내려놓고 출발하게 한다

캘리브레이션 미팅이 성공하려면, **객관적이고 공정한 논의가
이루어질 수 있는 분위기를 조성하는 것이 가장 중요하다.** 많은
조직에서 평가 세션이 감정적인 논쟁으로 변하는 이유는 **심리
적 안전감이 부족하거나, 반대로 지나치게 조심스러운 분위기
에서 자기검열이 일어나기 때문이다.** 즉, 자신의 의견을 솔직하
게 말할 수 있는 환경이 아니라면, 캘리브레이션 미팅의 본래 목
적을 달성하기 어려워진다.

리더는 세션이 시작되기 전에 <u>참석자들이 자신의 의견을 편</u>

하게 말할 수 있도록 분위기를 조성해야 한다. 또한, 단순한 평가가 아니라, 조직의 방향성을 맞추고 성장의 기회를 제공하는 과정임을 강조해야 한다.

심리적 안전감Psychological Safety이란 **구성원들이 자신의 의견을 자유롭게 말할 수 있다고 느끼는 환경**을 의미한다(Edmond-son, 1999). 심리적 안전감이 부족한 환경에서는, 팀원들이 "틀린 말을 하면 어떡하지?", "이 얘기를 하면 나에게 불이익이 있지 않을까?"라는 생각을 하며 발언을 꺼리게 된다.

반대로, 자기검열Self-Censorship이 강해지는 환경에서는 **사람들이 논쟁을 피하기 위해 침묵하거나, 자신이 속한 팀에 유리한 발언만 하려는 경향이 커진다.** 결국, 객관적인 성과 논의가 아니라 **각자의 이해관계를 보호하려는 자리**가 되어버릴 가능성이 높다.

또한, 사회적 불안Social Anxiety이 강한 사람들은 공개적인 자리에서 의견을 말하는 것 자체를 부담스러워한다. 특히, 평가와 관련된 논의에서는 자신의 말이 오해될 수도 있고, 팀 내 관계에 영향을 줄 수도 있다는 걱정 때문에 소극적인 태도를 보일 가능성이 크다.

따라서 리더는 **심리적 안전감을 높이고, 자기검열과 사회적 불안을 줄이는 방향으로 세션의 분위기를 조성해야 한다.**

리더는 어떻게 세션의 분위기를 조성해야 하는가?

리더가 캘리브레이션 미팅을 효과적으로 운영하려면, 세 가지를 먼저 해야 한다.

1. 체크인을 통해 분위기를 부드럽게 만들어라
2. 그라운드 룰을 설정하고 공표하라
3. 퍼실리테이터로서의 역할을 명확히 하라

이 세 가지 요소가 제대로 준비되지 않으면, **캘리브레이션 미팅은 긴장된 분위기에서 진행되며, 객관적인 논의보다는 감정적인 방어가 중심이 될 가능성이 크다.**

1. 체크인: 첫 번째 대화가 분위기를 결정한다

캘리브레이션 미팅은 단순한 회의가 아니다. **구성원의 성과를 평가하고 조정하는 과정**이기 때문에, 참가자들은 자연스럽게 긴장할 수밖에 없다.

이 긴장감을 해소하기 위해 리더는 **세션을 시작할 때 '체크인 Check-in' 시간을 가져야 한다.** 체크인은 단순한 아이스브레이킹이 아니라, **참석자들이 편안한 마음으로 세션에 참여할 수 있도**

록 돕는 과정이다.

리더는 체크인을 진행할 때 다음과 같은 질문을 던질 수 있다.

"오늘 캘리브레이션 미팅에서 가장 중요하게 생각하는 것은 무엇인가요?"

"이번 평가 시즌을 준비하면서 가장 고민되었던 부분은 무엇인가요?"

"지금 현재 이 세션에 임하는 마음가짐을 한 단어로 표현한다면?"

이런 질문을 통해 참석자들이 자신의 생각을 자연스럽게 공유할 수 있도록 유도하면, **논의를 시작하기 전에 분위기를 부드럽게 만들 수 있다.**

2. 그라운드 룰을 공표하라

캘리브레이션 미팅이 감정적인 논쟁으로 흐르지 않으려면, **사전에 명확한 원칙(그라운드 룰**Ground Rules**)을 설정해야 한다.**

리더는 세션을 시작하기 전에 다음과 같은 그라운드 룰을 공표할 수 있다.

- ✓ 모든 논의는 데이터와 사례를 기반으로 한다.
- ✓ 성과 조정은 조직의 목표와 방향성을 기준으로 한다.
- ✓ 서로의 의견을 존중하고, 공격적인 발언을 삼간다.
- ✓ 논쟁을 두려워하지 않되, 논쟁이 감정적으로 변하지 않도록 한다.
- ✓ 결정이 내려지면, 모든 리더는 이를 수용하고 실행한다.

이러한 원칙을 명확히 공유하면, 참석자들이 논의 과정에서 감정적으로 대응하는 것을 줄이고, 객관적인 평가에 집중할 수 있다.

3. 퍼실리테이터로서의 역할을 명확히 하라

리더는 평가 과정에서 **객관적인 조정자**Facilitator 역할을 해야 한다.

따라서 세션이 시작되기 전에, 리더는 참석자들에게 **자신이 어떤 역할을 수행할 것인지**를 명확하게 설명해야 한다.

리더는 논의를 조정하고 촉진하는 역할을 수행할 것이다.

논쟁이 발생하면, 감정적 대립이 아니라 논리적 토론으로 유도할 것이다.

논의 과정에서 결정이 필요한 순간에는, 합의와 조정을 거친 후 최종 결정을 내릴 것이다.

이러한 메시지를 사전에 전달하면, 참석자들은 **리더가 객관적인 조정자로서 역할을 수행할 것이라는 신뢰를 가지게 된다.**

시작이 결과를 결정한다. 캘리브레이션 미팅이 감정적인 논쟁이 아니라, 객관적이고 생산적인 논의가 되려면 **리더가 분위기를 조성하는 역할을 해야 한다.**

1. 체크인을 통해 참석자들이 편안하게 의견을 나눌 수 있도록 한다.
2. 그라운드 룰을 설정하여 논의의 원칙을 명확히 한다.
3. 퍼실리테이터로서 리더의 역할을 설명하고 신뢰를 형성한다.

> 오프닝 스피치는 **참석자들이 이 회의의 본질을 다시 한번 상기하도록 하고, 논의의 태도와 방향성을 명확히 설정하는 역할**을 한다. 리더는 세션을 시작하며 **논의가 감정적인 대립이 아니라, 조직의 성장을 위한 과정임을 강조해야 한다.** 이를 통해 참석자들은 **평가가 단순한 등급 조정이 아니라, 조직과 개인의 성장을 위한 중요한 기회**라는 점을 인식하게 된다.

다음은 S사 캘리브레이션 미팅 모니터링 중 발견한 사례이다. 일부 내용만 발췌하여 윤문했다.

여러분, 오늘 우리는 매우 중요한 회의를 합니다.
이 자리는 단순히 등급을 매기거나, 누군가를 평가하는 시간이 아닙니다.
우리가 이 자리에 모인 이유는, **우리 조직이 앞으로 나아갈 방향을 정리하고, 우리의 동료들이 올바르게 인정받을 수 있도록 조정하는 과정**을 만들기 위함입니다.
우리는 사람에 대해 이야기할 때 **사려 깊음을 잊지 않을 것입니다.**
한 사람 한 사람을 논할 때, **그 사람이 이 대화 안에 있다고 생각하며 존중하는 태도로 논의할 것입니다.**
우리 디비전이 더욱 발전하고, 우리 구성원들이 더욱 성장할 수 있도록 지원하는 것이 이 세션의 취지이며, 이를 잊지 않을 것입니다.
저는 오늘 이 논의를 **냉철하지만 따뜻하게 운영할 것입니다.**
우리는 치열하게 논의할 것입니다. 논쟁도 있을 것입니다. 하지만 저는 이 자리가 **누군가를 단순히 평가하는 시**

간이 아니라, 성장의 기회가 될 수 있도록 조율하고 촉진하는 퍼실리테이터로서의 역할을 다하겠습니다.

이 과정에서 우리는 서로 다른 의견을 가질 수 있습니다. 하지만 기억해야 합니다.

논쟁이 있다는 것은 우리가 성장하고 있다는 증거이며, 더 나은 결정을 내리기 위해 고민하고 있다는 의미입니다.

논쟁을 두려워하지 않되, 논의가 서로를 존중하는 방식으로 이루어질 수 있도록 노력해야 합니다.

오늘 이 자리에서 저는 여러분께 세 가지를 약속하겠습니다.

첫째, 모두가 안전하다고 느낄 수 있도록 하겠습니다.

이 회의에서 누구도 위축되거나, 자신의 의견을 말하는 것이 불편하다고 느껴서는 안 됩니다.

의견을 나누는 것이 불안하거나 조심스러워지면, 우리는 가장 중요한 논의를 놓치게 됩니다.

그러니 여러분이 이 자리에서 어떤 의견을 내든, 그것은 존중받고 경청될 것입니다.

둘째, 저는 퍼실리테이터로서 이 논의가 의미 있는 결론으로 이어질 수 있도록 조율하겠습니다.

우리는 논쟁을 피하지 않을 것입니다. 하지만 논쟁이 감정적으로 흐르지 않도록,

데이터를 기반으로 하고, 조직의 목표와 연결될 수 있도록 논의를 이끌어 가겠습니다.

셋째, **리더로서 결정이 필요한 순간에는 책임을 가지고 결단을 내리겠습니다.**

우리는 모든 사안을 토론하고, 합의를 이루려 노력할 것입니다. 하지만 때로는 의견이 완전히 일치하지 않을 수도 있습니다.

그럴 때 저는 **리더로서 결정을 내리는 역할을 하겠습니다.**

여러분이 충분히 논의할 수 있도록 시간을 드리겠지만, 조직의 성장을 위해 결단이 필요한 순간에는 주저하지 않겠습니다.

그리고 한 가지 더, 이 공간에서 이야기를 나누는 동안 **느끼게 될 감정은 이 공간에 남겨두고 떠날 것입니다.**

우리는 리더다운 성숙함을 가지고 있기에, **결정 전에는 치열하게 논의하고, 결정 후에는 따르는 모습을 보일 것입니다.**

마지막으로, 저는 여러분께 부탁드립니다.

오늘 이 논의를 단순한 평가 세션으로 생각하지 말아 주십

시오.

이 논의는 우리 팀과 조직을 더욱 단단하게 만들고, 우리 동료들이 제대로 인정받을 수 있도록 하는 과정입니다.

오늘 우리가 내리는 결정은, 단순한 성과평가가 아니라 우리의 팀과 조직이 더 나은 방향으로 나아갈 수 있도록 하는 초석이 될 것입니다.

그러니 마음을 열고, 솔직하게 이야기하고, 조직과 팀의 성장이라는 더 큰 그림을 함께 바라보며 논의해 주시길 바랍니다.

저 또한 이 과정에서 여러분과 함께 최선을 다하겠습니다

논의 첫 흐름을 잡고 방향을 설정한다

논의를 어떻게 시작하느냐가 전반적인 흐름을 결정한다. 캘리브레이션 미팅에서 가장 중요한 것은 첫 논의의 방향을 어떻게 잡느냐이다. 오프닝 스피치를 통해 논의의 환경을 설정하고, 참석자들이 편안하게 발언할 수 있도록 심리적 안전감을 조성했다면, 이제는 본격적으로 논의를 시작하는 단계다.

세션의 첫 논의가 어떻게 시작되는지는 논의가 감정적으로

흐를 것인지, 객관적으로 진행될 것인지, 논쟁이 무의미한 충돌
이 아니라 생산적인 과정이 될 것인지를 결정짓는다.

1. 첫 논의 주제는 무엇이 되어야 하는가?

캘리브레이션 미팅의 첫 논의 주제는 **논쟁의 초점을 데이터
와 성과 정렬에 맞추도록 유도하는 역할**을 해야 한다. 많은 리
더들이 첫 논의 주제를 **가장 민감한 평가 대상자나 가장 논란이
클 만한 이슈로 시작하는 실수를 한다.** 하지만 논쟁적인 주제를
세션 초반에 던지는 것은 오히려 세션 전체를 방어적인 태도로
몰아갈 위험이 크다.

- ✓ 첫 번째 논의는 "올해 성과를 높이는 데 가장 큰 영향을
  미친 요소는 무엇이었는가?"와 같은 객관적인 질문으로
  시작하는 것이 효과적이다.
- ✓ 처음부터 개인 평가를 논하기보다는, 조직 목표와 성과 기
  준을 먼저 정렬하는 질문을 던지는 것이 좋다.
- ✓ "올해 우리는 어떤 요소에 의해 성과를 냈는가?", "가장
  성공적인 사례는 무엇이었는가?" 같은 질문을 통해 논의

를 시작하면, 참석자들이 자연스럽게 데이터 기반의 사고 방식을 유지할 수 있다.

예시 질문:

- "올해 우리가 가장 중요하게 여겼던 조직 목표는 무엇이 었습니까?"
- "그 목표를 달성하는 데 가장 큰 기여를 한 성과 요소는 무 엇이었나요?"
- "성과를 내는 데 효과적이었던 전략이나 방식은 무엇이었 나요?"

이처럼 첫 논의를 조직의 목표와 성과 정렬에 맞추면, 참석자 들은 **처음부터 객관적인 데이터와 정량적·정성적 평가 기준을 중심으로 사고하게 된다.**

A 부문장은 지난해 캘리브레이션 미팅에서 처음부터 특정 팀원의 평가에 대한 논쟁을 시작했다가, 팀 리더들이 감정적으 로 방어하는 분위기가 형성되면서 논의가 비효율적으로 진행되 었다.

올해 그는 첫 번째 논의 주제를 "올해 우리 조직의 성과를 좌 우한 가장 중요한 요소는 무엇인가?"로 바꾸었고, 그 결과 리더들이 객관적인 지표를 중심으로 논의하는 분위기가 형성되었다.

2. 첫 논의를 데이터 중심으로 정렬하는 법

캘리브레이션 미팅에서 가장 피해야 할 것은 **논의가 직관과 감정에 의존하는 것**이다.

"나는 이렇게 생각합니다"라는 주관적인 의견보다, "이 데이터가 이런 성과를 보여주고 있습니다"라는 방식으로 논의가 진행될 때, 세션이 보다 효과적으로 운영될 수 있다.

- ✓ 논의가 시작되면, 먼저 객관적인 데이터를 확인하는 과정을 거쳐라.
- ✓ "그 주장을 뒷받침할 수 있는 데이터가 있는가?"라는 질문을 던져라.
- ✓ 정량적 성과(매출 증가, 프로젝트 성공률 등)뿐만 아니라, 정성적 기여(조직 문화 기여, 협업 효과 등)도 균형 있게 다루도록 유도하라.

이를 위해, **리더는 논의 초반부터 데이터를 강조하는 질문을**

던지는 것이 중요하다.

예시 질문:

- "그 성과를 측정할 수 있는 수치는 무엇인가요?"
- "어떤 데이터가 이를 증명할 수 있습니까?"
- "이 성과는 일회성인가, 지속적으로 반복될 가능성이 있는가?"

B 실장은 지난해 평가 세션에서 일부 리더들이 "이 구성원은 열심히 했다"라는 막연한 기준을 가지고 논의하는 것을 보고, 올해는 "각 팀의 대표적인 성과를 공유할 때, 반드시 데이터와 함께 설명해야 한다"고 요청했다.

그 결과, 모든 참석자들이 데이터 기반으로 논의하는 습관을 가지게 되었고, 감정적인 논쟁이 줄어들었다.

3. 리더의 역할: 논의를 생산적으로 촉진하는 법

첫 논의가 시작되면, 리더는 세 가지 역할을 수행해야 한다.

✓ **논의의 초점을 유지하는 역할**
✓ **논쟁이 감정적으로 흐르지 않도록 조율하는 역할**

✓ 참석자들이 적극적으로 참여하도록 유도하는 역할

이를 위해, 리더는 논의 초반에 다음과 같은 메시지를 전달하는 것이 효과적이다.

예시:

"오늘 우리는 데이터와 조직의 방향성을 기준으로 논의할 것입니다. 의견이 다를 수 있습니다. 하지만 우리의 목표는 서로를 설득하는 것이 아니라, **조직의 성장과 성과를 높이기 위한 기준을 정렬하는 것**입니다. 논쟁을 두려워하지 마십시오. 하지만 논쟁이 감정적인 대립으로 흐르지 않도록, **데이터와 사례를 중심으로 논의해 주시길 바랍니다.**"

이처럼 리더가 논의 초반부터 **논의의 프레임을 명확히 설정하면**, 참석자들은 감정적 대립보다는 생산적인 논의에 집중할 수 있다.

4. 첫 논의가 끝난 후, 자연스럽게 평가 논의로 전환하는 법

첫 논의가 조직 목표와 성과 정렬에 대한 이야기로 시작되었다면, 이제 **개별 평가 논의로 자연스럽게 전환해야 한다.** 이때, 리더는 직접적으로 "이제 개별 평가를 시작합시다"라고 말하기보다는, 맥락을 이어가면서 자연스럽게 흐름을 유도하는 것이 좋다.

예시:

"우리가 올해 성과를 만들어낸 주요 요소들을 확인했습니다. 이제는 그 성과를 만들어낸 사람들이 누구인지, 그리고 우리는 그들을 어떻게 평가할 것인지에 대해 이야기할 차례입니다. 각 팀에서 올해 가장 두드러진 성과를 낸 구성원들은 누구인지 공유해 주십시오."

이처럼 자연스럽게 논의가 전환되면, **개별 평가 논의가 방어적이거나 감정적인 논쟁으로 흐르지 않고, 성과를 기반으로 한 논의가 될 가능성이 높다.**

논의의 흐름은 캘리브레이션 미팅의 성과를 결정짓는 가장 중요한 요소다. 미팅을 어떻게 시작하느냐에 따라 논의가 감정적으로 흐를 수도 있고, 객관적인 성과 분석 과정이 될 수도 있다. 따라서 첫 논의 주제는 신중하게 선택해야 한다. 개인 평가부터 시작하면 논쟁이 방어적으로 흐를 가능성이 크다. 대신,

조직 목표와 성과 정렬을 먼저 논의하면 참석자들이 객관적인 기준을 가지고 논의에 임할 수 있다.

논의가 데이터 중심으로 이루어지는 것도 중요하다. 감정이 개입되면 논의가 비효율적으로 흐를 가능성이 높아진다. 따라서 리더는 모든 논의가 사례와 데이터를 기반으로 진행될 수 있도록 유도해야 한다. 데이터를 먼저 확인하고, 이를 기반으로 해석하는 습관을 정착시키는 것이 필수적이다.

논의가 원활하게 진행되려면 리더의 역할도 중요하다. 리더는 논쟁이 감정적으로 흐르지 않도록 조정하며, 논의의 초점을 유지해야 한다. 논의가 본질에서 벗어나지 않도록 핵심 질문을 던지고, 참석자들이 의미 있는 결론에 도달할 수 있도록 촉진해야 한다.

마지막으로, 조직 목표와 성과 정렬에 대한 논의가 끝난 후에는 자연스럽게 개별 평가로 전환해야 한다. 이를 위해 성과를 낸 사람들을 중심으로 논의를 연결하면, 평가가 단순한 등급 조정이 아니라 팀과 조직의 성장이라는 큰 맥락 안에서 다뤄질 수 있다. 이 과정이 원활하게 이루어지면, 참석자들은 평가 결과를 더욱 객관적으로 받아들이고, 조직의 방향성과 자신의 역할을 명확하게 이해할 수 있다.

감정으로 흐르지 않도록 조율한다

캘리브레이션 미팅에서 치열한 논의는 필연적이다. 캘리브레이션 미팅은 조직의 성과를 조정하고, 인재를 평가하는 자리다. 의견 차이가 발생하는 것은 당연한 일이다. 누군가가 특정 구성원의 성과를 높이 평가하는 반면, 또 다른 누군가는 부족하다고 평가할 수도 있다.

논쟁이 일어나는 것은 문제되지 않는다. 오히려 논쟁이 없는 캘리브레이션 미팅이야말로 더 큰 문제다. 만약 모든 참석자가 같은 의견만 내고, 이견 없이 빠르게 합의가 이루어진다면, 그 미팅은 실질적인 논의가 이루어지지 않은 채 형식적인 절차로 끝날 가능성이 크다.

진짜 중요한 것은 논쟁이 아니라, **논쟁이 어떻게 다뤄지는가** 이다. 논의가 감정적으로 흐르면 생산적인 대화가 되지 못하고, 의사결정의 질도 떨어진다. 반면, 논쟁이 논리적이고 구조적으로 진행된다면, 조직의 성과 기준이 더욱 정교해지고, 평가의 신뢰도도 높아질 수 있다. 리더는 논쟁을 억누를 필요는 없지만, 논의가 비효율적인 갈등으로 번지지 않도록 조율하는 역할을 해야 한다.

논쟁이 감정적으로 흐르는 순간을 포착해야 한다. 논쟁이 치열해지면서 감정적으로 흐르기 시작하는 순간은 대부분 비슷한 패턴을 보인다.

- ✓ 논점이 흐려지고, 논의가 개인적인 문제로 변질된다.
- ✓ 참석자들이 방어적인 태도를 취하며, 객관적인 근거보다 직관과 경험을 강조한다.
- ✓ 목소리가 높아지고, 논쟁의 주제가 성과평가에서 벗어나 인신공격성 발언으로 이어진다.

이러한 순간이 감지되면, 리더는 즉각 개입해야 한다. 논쟁이 깊어질수록 감정이 더 격해질 가능성이 높기 때문이다. 하지만 개입 방식은 신중해야 한다. 강압적으로 논의를 차단하거나 "이제 그만하세요"라고 단순히 제지하는 것은 좋은 방법이 아니다. 대신, 논의의 초점을 다시 데이터와 성과 기준으로 되돌리는 것이 핵심이다.

리더는 논쟁이 조직에 도움이 되는 방향으로 흐를 수 있도록 개입해야 한다. 이를 위해 논의가 감정적으로 치닫는 순간에 다음과 같은 질문을 던질 수 있다.

- ✓ "이 논의가 성과 기준과 어떻게 연결되는가?"

✓ "이 주장을 뒷받침할 수 있는 데이터가 있는가?"
✓ "우리의 목표와 조직 방향성에 비춰볼 때, 어떤 평가가 더 합리적인가?"

이처럼 핵심 질문을 던지면, 참석자들은 논의의 본질로 다시 돌아올 수 있다.

예시:

한 참석자가 특정 구성원의 성과를 과대 평가한다고 주장하며 논쟁이 길어지고 있다면,

리더는 단순히 논쟁을 중단시키는 것이 아니라, "그 주장을 뒷받침할 만한 데이터가 있는지 확인해봅시다"라고 개입할 수 있다.

이렇게 하면 감정적인 논쟁이 아니라, 객관적인 근거를 바탕으로 한 논의가 이루어질 가능성이 높아진다. 또한, 논의가 감정적으로 치닫는 순간, 리더는 "우리의 목표는 논쟁에서 승리하는 것이 아니라, 가장 합리적인 결론을 찾는 것입니다"라는 메시지를 반복적으로 전달해야 한다.

캘리브레이션 미팅에서는 팀 리더들이 **자신의 팀원을 보호하**

려는 경향을 보이는 경우가 많다.

　이는 자연스러운 현상이지만, 방어적인 태도가 강해질수록 논의가 왜곡될 가능성이 커진다.

　이를 방지하기 위해 리더는 미팅 초반부터 "캘리브레이션 미팅의 목적은 특정 팀이나 개인을 평가하는 것이 아니라, 조직 전체의 성과 기준을 정렬하는 것"임을 강조해야 한다.

　특히, 다음과 같은 방어적인 태도가 나타날 때 리더는 적극적으로 개입해야 한다.

　✓ "우리 팀은 다 A급입니다."
　✓ "그 구성원은 정말 열심히 했습니다."
　✓ "우리 팀의 평가가 타 팀보다 박한 것 같습니다."

　이런 발언이 나올 때, 리더는 이를 즉각적으로 받아들이기보다, 객관적인 데이터를 기반으로 논의를 유도해야 한다.

　예시 질문:

- "열심히 했다는 점은 인정합니다. 하지만 우리가 평가하는 것은 노력 자체가 아니라, 성과로 이어진 결과입니다. 어떤 결과가 있었나요?"

- "우리 팀이 다른 팀보다 박한 평가를 받았다고 느낀다면, 구체적으로 어떤 기준에서 차이가 발생했는지 분석해 봅시다."

이처럼 논의를 데이터 중심으로 이끌면, 팀 리더들이 감정적으로 방어하는 태도를 줄이고, 보다 객관적인 평가 과정에 집중할 수 있다.

때로는 논쟁이 길어져도 합의가 이루어지지 않는 경우가 있다. 이러한 교착 상태에서는 논의를 지속하기보다는, 리더가 결정을 내리거나, 추가적인 검토 과정을 제안하는 것이 필요하다.

- ✓ 논의가 해결되지 않으면, "이 사안을 보류하고 추가 데이터 검토 후 다시 논의합시다"라고 조율할 수 있다.
- ✓ 리더가 최종 결정을 내리기 전에, "지금 우리가 논의한 내용을 정리해 보면, 두 가지 시각이 존재합니다. 각각의 논리를 다시 한번 정리해 보겠습니다"라고 중재할 수 있다.

중요한 것은, 논의가 무의미하게 길어지지 않도록 리더가 중심을 잡고 논의를 마무리할 타이밍을 설정하는 것이다.

캘리브레이션 미팅에서 논의가 치열해질 때, 리더는 다음과 같은 메시지를 일관되게 강조해야 한다.

- ✓ "논쟁을 두려워하지 마십시오 하지만 논쟁이 감정적으로 흐르지 않도록 합시다."
- ✓ "우리는 성과를 평가하는 것이 아니라, 조직의 방향성과 기준을 정렬하는 것입니다."
- ✓ "모든 논의는 데이터와 사례를 기반으로 이루어져야 합니다."
- ✓ "논의가 길어지면, 본질을 다시 돌아봐야 합니다. 우리의 목표는 논쟁에서 이기는 것이 아니라, 조직의 성장과 연결되는 최선의 결론을 찾는 것입니다."

이러한 메시지를 지속적으로 강조하면, **논의가 보다 생산적인 방향으로 흐를 가능성이 높아진다.**

논의가 치열해질수록 리더의 조율력이 빛을 발해야 한다. 캘리브레이션 미팅에서 논쟁은 피할 수 없다. 하지만 논쟁이 감정적으로 흐르면 평가의 신뢰도가 낮아지고, 논의의 질도 떨어진다.

논쟁이 생산적인 방향으로 흐르도록 하기 위해, 리더는 다음과 같은 조치를 취해야 한다.

1. 논쟁이 감정적으로 흐르는 순간을 포착하고 즉각 개입하라.
2. 핵심 질문을 던져 논의를 데이터 중심으로 유도하라.
3. 팀 리더들의 방어적인 태도를 줄이고, 객관적인 논의를 이끌어라.
4. 논의가 교착 상태에 빠지면, 추가 검토를 제안하거나 리더가 결정을 내려라.
5. 논쟁이 조직의 성장과 연결되는 논의로 진행될 수 있도록 일관된 메시지를 강조하라.

캘리브레이션 미팅에서 논쟁은 필연적이지만, 그것을 어떻게 다루느냐는 전적으로 리더의 몫이다.

Impact Player를 논의할 때, 고성과가 아니라 조직의 방향을 고려한다

캘리브레이션 미팅에서 임팩트 플레이어 논의는 왜 중요한가? 캘리브레이션 미팅에서 임팩트 플레이어를 논의하는 순간은 조직의 미래를 결정하는 중요한 과정이다. 핵심 인재는 조직의 성과를 이끌어가는 중심축이며, 이들이 어디에 배치되고 어떻게 성장할 것인지에 따라 기업의 경쟁력이 달라진다. 많은 조직에서 임팩트 플레이어 논의가 단순히 "누가 일을 잘하는가"를 평가하는 수준에 머무르는 경우가 많다.

임팩트 플레이어를 정의하는 것은 단순하지 않다. **성과가 좋은 사람이 임팩트 플레이어인가?, 팀에서 없어서는 안 되는 사람이 임팩트 플레이어인가?, 리더의 기대치를 가장 잘 충족하는 사람이 임팩트 플레이어인가?**

논의가 감정적이거나 모호한 기준으로 흐르면, 임팩트 플레이어를 선정하는 과정이 팀장의 개인적인 평가나 인기 투표처럼 변질될 위험이 있다.

그러므로 캘리브레이션 미팅에서는 임팩트 플레이어를 객관적이고 명확한 기준을 가지고 논의해야 한다.

캘리브레이션 미팅에서 임팩트 플레이어를 논의할 때, 다음과 같은 문제가 자주 발생한다.

현재 성과만을 기준으로 판단한다. 현재 성과가 우수한 인재가 임팩트 플레이어인 것은 맞지만, 조직이 필요로 하는 핵심 인재는 현재 성과뿐만 아니라 **장기적인 성장 가능성, 조직에 미치는 영향력까지 고려해야 한다.**

객관적인 데이터보다 개인적인 호감도나 팀장의 평가에 의존

한다. 어떤 팀장은 "이 구성원은 언제나 믿고 맡길 수 있는 사람입니다"라고 평가하고, 어떤 팀장은 "이 구성원 없이는 팀이 돌아가지 않습니다"라고 말한다. 그러나 이런 평가가 과연 객관적인 기준을 반영한 것인가?

Player의 정의가 조직마다 다르게 적용된다. 한 조직에서는 빠른 문제 해결 능력을 가진 사람을 임팩트 플레이어라고 하고, 다른 조직에서는 장기적인 전략적 사고를 하는 사람을 임팩트 플레이어라고 한다. 즉, **조직 전체의 방향성과 일관된 기준 없이 임팩트 플레이어가 정의되면, 논의의 신뢰도가 떨어질 수 있다.**

임팩트 플레이어를 선정할 때는 **단순한 성과평가가 아니라, 조직에 기여하는 방식과 미래 성장 가능성을 포함해야 한다.** 이를 위해 다음과 같은 기준을 적용할 수 있다.

① 성과의 일관성과 지속 가능성을 고려하라.
- 단기적으로 뛰어난 성과를 낸 사람이 아니라,
- **장기적으로 안정적인 성과를 내고 있는가?**

② 조직의 성장에 기여하는 방식이 명확한가?
- 개인 성과를 넘어서, **조직 전체에 기여하는 역할을 하**

고 있는가?
- 이 구성원이 속한 팀이 성장하고 있는가?

③ 성과가 환경적 요인인지, 개인적 역량인지 분석하라.
- 뛰어난 성과를 냈지만, **외부 환경이 유리해서 가능했던 것인가?**
- 조직 구조나 시장 변화 덕분에 성과가 높아진 것은 아닌가?

④ 성장 가능성과 학습 능력을 평가하라.
- 현재 뛰어난 성과를 내고 있는 것도 중요하지만,
- **이 구성원이 앞으로 더 높은 성과를 낼 수 있는가?**
- 배움과 변화에 대한 태도가 임팩트 플레이어로서 적합한가?

⑤ 조직의 핵심 가치와 방향성과 맞는가?
- 단순히 업무를 잘하는 것이 아니라, **조직이 추구하는 가치와 방향성과 맞는 인재인가?**

이 기준을 적용하면, 단순히 현재 성과만으로 임팩트 플레이어를 논의하는 것이 아니라 조직이 미래에 필요로 하는 인재를 정의할 수 있다.

임팩트 플레이어를 선정하는 것이 끝이 아니다. 진정한 의미에서 임팩트 플레이어는 단순히 개인의 성과를 인정받는 것을 넘어, **더 큰 역할을 맡고 조직의 성장을 견인하는 역할을 해야 한다.** 이를 위해 조직에서는 임팩트 플레이어가 보다 넓은 영향력을 행사할 수 있도록 기회를 제공해야 한다. 예를 들어, 중요한 프로젝트를 주도하도록 하거나, 다른 팀과 협업할 수 있는 기회를 적극적으로 만들어 주어야 한다. 이를 통해 임팩트 플레이어가 개별적인 성과를 넘어 조직 전체의 발전에 기여할 수 있도록 해야 한다.

또한, 임팩트 플레이어가 지속적으로 성장할 수 있도록 **정기적인 피드백을 제공하는 것**도 필수적이다. 임팩트 플레이어라고 해서 피드백이 필요 없는 것이 아니다. 오히려 더 높은 성과를 내기 위해, 그리고 다음 단계의 리더로 성장하기 위해 **구체적인 방향을 제시하는 피드백이 중요하다.** 단순히 "당신은 A급 구성원입니다"라는 칭찬에서 끝나는 것이 아니라, "당신이 앞으로 조직에서 더 큰 역할을 맡으려면 어떤 부분을 보완해야 하는가?"를 함께 논의해야 한다. 이를 통해 임팩트 플레이어가 현재의 성과에 안주하지 않고, 더 높은 목표를 설정하고 발전할 수 있도록 유도해야 한다.

마지막으로, 임팩트 플레이어가 조직 내에서 **다른 구성원들에게 긍정적인 영향을 미칠 수 있도록 역할을 설정하는 것도** 중요하다. 임팩트 플레이어가 조직에 기여하는 방식은 단순히 개인의 성과 창출에 머무르는 것이 아니라, **조직 문화와 팀워크 형성에도 영향을 미쳐야 한다.** 임팩트 플레이어가 본인의 경험과 역량을 팀원들과 공유하고, 조직 내에서 좋은 리더십을 발휘할 수 있도록 멘토링 역할을 맡기거나, 후배들에게 방향성을 제시할 수 있는 기회를 주는 것이 효과적이다.

결국, 임팩트 플레이어는 **현재의 성과를 넘어, 조직의 장기적인 성장과 발전을 이끄는 존재여야 한다.** 따라서 조직은 임팩트 플레이어를 선정하는 것에서 끝나는 것이 아니라, 이들이 조직의 중요한 자산으로서 지속적으로 성장하고 기여할 수 있도록 체계적인 지원을 아끼지 않아야 한다.

임팩트 플레이어 논의에서 가장 중요한 것은 **논의의 초점을 성과와 성장 가능성에 맞추는 것**이다. 논의가 감정적으로 흐르지 않도록 하기 위해, 리더는 핵심 질문을 던지며 논의의 흐름을 조율해야 한다.

✓ **"이 구성원의 성과는 객관적인 데이터로 증명할 수 있**

는가?"

- ✓ "이 구성원이 조직에 미치는 긍정적인 영향력은 무엇 인가?"
- ✓ "이 성과가 지속 가능한가, 아니면 일회성인가?"
- ✓ "이 구성원이 향후 더 큰 역할을 맡을 가능성이 있는가?"

논의가 특정 구성원에 대한 찬사로 흐르거나, 팀장들이 감정적으로 방어하는 분위기가 형성되면 리더는 다음과 같이 조율할 수 있다.

예시:

"우리가 논의해야 할 것은 이 구성원이 우리 조직에 장기적으로 어떤 가치를 줄 수 있는가입니다.

현재 성과만이 아니라, 향후 성장 가능성과 조직 기여도를 함께 고려해 봅시다."

이러한 개입을 통해, 임팩트 플레이어 논의가 보다 구조적이고 객관적인 기준을 기반으로 이루어질 수 있다.

임팩트 플레이어를 선정하는 것이 끝이 아니다. 진정한 의미에서 임팩트 플레이어는 **더 큰 역할을 맡고, 조직의 성장을 견인**

하는 **역할**을 해야 한다.

✓ **임팩트 플레이어가 조직 내에서 더 큰 영향력을 행사할 수 있도록 기회를 제공하라.**

● 중요한 프로젝트를 맡기거나,

● 다른 팀과 협업할 수 있는 기회를 제공해야 한다.

✓ **임팩트 플레이어가 성장할 수 있도록 정기적인 피드백을 제공하라.**

● 임팩트 플레이어도 더 높은 성과를 내기 위해 피드백이 필요하다.

● 단순히 "당신은 A급 구성원입니다"라고 칭찬하는 것이 아니라,

● "당신이 앞으로 조직에서 더 큰 역할을 맡으려면 어떤 부분을 보완해야 하는가"를 함께 논의해야 한다.

✓ **임팩트 플레이어가 조직 내에서 다른 구성원들에게 긍정적인 영향을 미칠 수 있도록 유도하라.**

● 임팩트 플레이어가 조직에 기여하는 방식은 단순히 개인의 성과가 아니라,

● 다른 구성원의 성장과 조직 문화 형성에도 영향을 미칠 수 있어야 한다.

임팩트 플레이어 논의가 조직의 방향을 결정한다. 임팩트 플레이어 논의는 단순한 성과평가가 아니다.

이 논의는 **조직의 미래를 설계하는 과정이며, 리더가 핵심 인재를 어떻게 육성하고 활용할지를 결정하는 순간**이다.

1. 임팩트 플레이어는 현재 성과만이 아니라, 성장 가능성과 조직 기여도를 함께 고려해야 한다.
2. 논의가 감정적으로 흐르지 않도록, 리더는 객관적인 기준과 질문을 통해 조율해야 한다.
3. 임팩트 플레이어를 선정한 이후, 이들이 더 큰 역할을 맡을 수 있도록 조직적 지원을 제공해야 한다.

> 임팩트 플레이어 논의에서는 조직 전체의 할당 인원이 제한적인데, 각 팀에서 과도하게 많은 인원을 추천하는 상황이 발생할 수 있다. 이는 조직 내에서 임팩트 플레이어의 기준이 팀마다 다르게 적용되거나, 팀 리더들이 자기 팀원을 우선적으로 보호하려는 경향에서 비롯된다. **논의의 핵심은 조직의 할당 기준을 존중하면서도, 가장 적절한 임팩트 플레이어를 선정하는 과정에서 균형을 맞추는 것**이다.

#사례:

성과관리 프로젝트 수행 중 인터뷰 내용을 각색한 것임

경영지원본부의 본부장인 최 본부장은 캘리브레이션 미팅을 주재하고 있다. 본부 내 임팩트 플레이어 할당 인원은 5명이다. 그러나 5개 팀에서 추천한 인원은 총 11명이었다. 특히, 한 팀은 **팀원 10명 중 4명을 추천하는** 과감한 (?) 선택을 했다. 캘리브레이션 미팅이 시작되자, 기획팀장이 먼저 입을 열었다.

기획팀장: "본부장님, 우리 팀에서는 두 명을 추천합니다. 둘 다 매우 뛰어난 성과를 냈고, 임팩트 플레이어로서 손색이 없습니다."

인사팀장: "우리도 두 명을 추천했습니다. 특히 B 차장은 올해 조직문화 개선 프로젝트를 성공적으로 이끌었고, 평가에서도 우수한 성과를 보였습니다."

재무팀장: "우리는 한 명만 추천했습니다. 하지만 우리 팀이 워낙 정량적인 평가가 명확해서, A급 인재라고 평가하기에 충분하다고 생각합니다."

법무팀장: "저희는 이번에 특별히 세 명을 추천했습니다. 올해 법적 리스크 대응이 많았고, 세 명이 각각 중요한 역할을 했기 때문입니다."

총무팀장: "저희는 네 명을 추천했습니다. 본부장님, 솔직히 말해서, 우리 팀은 정량적인 평가가 어렵습니다. 하지만 이 네 명 없이는 팀이 운영되지 않는다는 점에서 임팩트 플레이어로 봐야 합니다."

회의장에는 순간 정적이 흘렀다. 본부장 최 프로는 테이블을 천천히 두드리며 말했다.

최본부장: "다들 팀의 입장에서 훌륭한 인재를 추천해 주셨다는 점은 잘 알겠습니다. 하지만 우리 본부의 임팩트 플레이어 할당 인원은 5명입니다. 현재 11명이 추천되었고, 이 숫자는 맞출 필요가 있습니다. 여기서 논의를 정리해야 합니다."

★ 1단계: 논의의 초점을 정리한다

최 본부장은 논의가 팀별 방어적인 태도로 흐르지 않도록 정리했다.

최본부장: "임팩트 플레이어는 단순히 '이 팀에서 중요한 사람'이 아니라, **본부 전체에서 가장 높은 성과와 기여를 한 사람**이어야 합니다. 그래서 먼저, 임팩트 플레이어로서 반드시 포함해야 하는 인원을 논의한 후, 그 다음에 추가 추천된 인원들을 어떻게 정리할지 논의하는 순서로

가겠습니다."

그의 말이 끝나자, 팀장들이 조금씩 고개를 끄덕였다.

✦ 2단계: 반드시 포함해야 하는 임팩트 플레이어를 먼저 선정한다

본부장은 먼저 모든 팀에서 동의할 수 있는 인재를 먼저 선정하는 과정을 진행했다.

최본부장: "각 팀에서 강하게 추천하는 인재 중, 모든 팀장들이 임팩트 플레이어로 인정할 수 있는 인재가 누구입니까?

여기서 최소한 3명 정도를 먼저 합의하도록 하죠."

회의실에서 여러 논의가 오갔고, 객관적인 성과 데이터와 영향력이 명확한 3명이 먼저 선정되었다.

이렇게 하면, 논의의 초점을 좁히고, 나머지 인원을 조정할 수 있는 기반이 마련된다.

✦ 3단계: 나머지 인원을 조정하는 과정

이제 남은 임팩트 플레이어 할당 인원은 2명이었지만, 여전히 8명의 후보가 남아 있었다.

기획팀장: "우리 팀에서 추천한 두 명 모두 충분한 기여

를 했습니다. 최소한 한 명은 포함되어야 한다고 생각합니다."

총무팀장: "솔직히 네 명 모두 중요하지만, 현실적으로 조정이 필요하다면 두 명까지 줄일 수 있습니다."

이런 상황에서 본부장은 **객관적인 비교 기준을 명확히 하도록 유도했다.**

최 본부장: "그렇다면, 남아 있는 후보자 8명 중에서, '올해 성과가 가장 두드러졌고, 조직 전체에 미친 영향이 큰 인물'은 누구입니까?

단순히 팀 내부에서 중요한 사람이 아니라, 본부 전체에서 성과를 인정받을 수 있는 사람을 중심으로 논의해보죠."

이 질문을 던지자, 팀장들은 한 명씩 다시 후보자들을 평가하기 시작했고,

논의 끝에 **4명이 최종적으로 남게 되었다.**

✖ 4단계: 7명을 임팩트 플레이어로 인정할 것인가? 아니면 5명만 선택할 것인가?

이제 최종적으로 7명이 남았고, 할당 인원인 5명을 넘겼다.

여기서 두 가지 선택지가 있었다.

✓ 1. 7명을 임팩트 플레이어로 선정하고, 인사팀에 7명으로 조정할 수 있는지 요청한다.

✓ 2. 원래 할당된 5명으로 줄이고, 2명은 임팩트 플레이어에서 제외한다.

팀장들 사이에서 의견이 갈렸다.

기획팀장: "이미 조직 할당이 정해져 있는데, 굳이 7명으로 늘리려고 하는 게 의미가 있을까요?"

총무팀장: "하지만 올해 조직 기여도가 높은 사람들이 많았다는 점에서, 인사팀에 조정을 요청하는 것도 방법입니다."

본부장은 조용히 정리했다.

최본부장: "좋습니다. 7명이 최종 후보로 남았지만, 기본적으로 우리 할당은 5명입니다.

우선, **7명을 인사팀에 제안해 보고, 만약 조정이 어렵다면 5명으로 최종 조정하는 것**으로 정리하겠습니다. 만약 5명으로 확정해야 한다면, 가장 객관적인 기준에 따라 조정할 수 있도록 미리 논의된 기준을 다시 검토하겠습니다."

결국, 7명의 명단을 인사팀에 보내기로 결정되었고, 인사팀에서 검토 후 최종적으로 5명만 선정하도록 결정되었다.

[종합]

캘리브레이션 미팅의 원칙대로, 논의가 감정적으로 흐르지 않고, 객관적인 기준에 따라 정리된 과정이었다.

임팩트 플레이어 논의에서 리더가 조율해야 할 것은 다음과 같다.

✔ 논의의 초점을 '본부 전체의 임팩트 플레이어'로 맞추고, 팀별 이해관계를 배제해야 한다.

✔ 우선적으로 반드시 포함해야 할 인재를 선정한 후, 나머지 인원을 조정하는 방식으로 진행해야 한다.

✔ 최종 조정이 필요한 경우, 인사팀과 협의할 수 있도록 대비해야 하며, 조정이 불가능할 경우 5명으로 확정할 준비를 해야 한다.

이처럼 캘리브레이션 미팅에서 임팩트 플레이어를 논의할 때는,

리더가 감정적인 논의를 차단하고, 논의의 흐름을 객관적인 평가 기준으로 조정하는 것이 가장 중요하다.

Needs Improvement Player를 논의할 때, 문제가 아니라 가능성을 점검한다

턴어라운드 플레이어 논의는 왜 어려운가? 당연한 질문 아닌가? 뭘 못하는지 알지만, 못하는 사람을 테이블에 올리고 함께 대화한다는 게 어디 쉬운 일인가? 캘리브레이션 미팅에서 턴어라운드 플레이어 논의는 가장 민감하고 어렵다. 임팩트 플레이어를 논의할 때는 비교적 분위기가 긍정적이고, 성장과 기회에 대한 논의가 중심이 된다. 턴어라운드 플레이어를 논의할 때는 **누군가의 부족함을 지적하고, 개선이 필요하다는 평가를 내려야 하는 순간**이기에 신중함과 사려 깊음이 필요하다.

턴어라운드 플레이어는 조직에서 지속적으로 낮은 성과를 내는 구성원을 의미하지만, 그 유형은 다양할 수 있다.

✓ 지속적으로 성과가 낮은 사람
✓ 1년 동안 피드백과 교육을 했음에도 변화가 없는 사람
✓ 팀이나 본부의 문화에 부정적인 영향을 미치는 사람

이들을 어떻게 다룰 것인가?

조직 내에서 "최고의 복지는 일 잘하는 동료다"라는 말이 있

지만, 현실에서는 일 잘하는 동료만 있을 수 없다. 성과가 낮거나 조직에 부정적인 영향을 주는 사람도 분명히 존재한다. 그러나 이들을 단순히 '조직에 필요 없는 사람'으로 치부하고 배제하는 방식으로 접근하면, 논의는 감정적으로 흐를 가능성이 크다. 따라서 리더는 턴어라운드 플레이어 논의를 객관적이고 생산적인 방식으로 이끌어야 하며, 논의의 초점을 '이 구성원을 어떻게 변화시킬 것인가' 또는 '어떤 결정을 내려야 하는가'로 맞춰야 한다.

1. 팀장들이 "우리 팀에는 턴어라운드 플레이어가 없습니다"라고 말할 때

턴어라운드 플레이어 논의에서 가장 먼저 맞닥뜨리는 장애물은 **팀장들이 자신의 팀에는 턴어라운드 플레이어가 없다고 주장하는 상황**이다. 이는 두 가지 이유에서 발생할 수 있다.

- ✓ 첫째, 팀장 본인이 턴어라운드 플레이어를 정확히 인식하지 못하는 경우
- ✓ 둘째, 팀장이 팀원의 성과 문제를 공식적으로 인정하는 것을 꺼리는 경우

어떤 경우든, 리더가 이 상황을 조율하지 못하면 논의 자체가 무의미해진다. 따라서 리더는 **팀장들이 방어적인 태도를 가지지 않도록 하면서도, 객관적인 기준을 통해 논의를 유도해야한다.**

📌 **리더가 던질 수 있는 질문**

✓ "그렇다면, 올해 본부 전체에서 성과가 가장 낮은 구성원은 누구입니까?"

✓ "모든 팀원이 기대하는 성과를 충분히 달성했다고 확신하십니까?"

✓ "지난 1년간 피드백과 지원을 받았지만, 여전히 개선되지 않은 구성원이 있습니까?"

이처럼 직접적으로 턴어라운드 플레이어를 지목하는 것이 아니라, **자연스럽게 낮은 성과를 보이는 구성원에 대한 논의로 유도하는 것이 효과적이다.** 턴어라운드 플레이어 논의는 '이 구성원이 조직에 도움이 되는가?'가 아니라, '이 구성원이 성장할 가능성이 있는가?'라는 관점에서 진행되어야 한다. 이를 강조하면 팀장들도 보다 객관적인 시각에서 논의에 참여할 가능성이 높아진다.

2. 턴어라운드 플레이어를 논의할 때 감정적인 판단을 배제하는 법

턴어라운드 플레이어를 논의할 때, 팀장들은 때때로 감정적인 발언을 할 수 있다.

- ✓ "이 구성원은 조직에 부정적인 영향을 미칩니다."
- ✓ "팀원들이 이 구성원과 함께 일하는 것을 어려워합니다."
- ✓ "사실상 팀 내에서 역할이 없습니다."

이러한 평가가 객관적인 데이터가 아닌 **주관적인 경험에서 비롯된 것이라면**, 논의가 감정적으로 흐를 가능성이 크다. 리더는 논의를 생산적인 방향으로 이끌어야 하며, 이를 위해 **턴어라운드 플레이어를 평가하는 기준을 명확히 해야 한다.**

📌 **턴어라운드 플레이어 평가 기준**
- ✓ **지속적인 성과 부족** – 1년 이상 성과가 낮았고, 개선의 여지가 보이지 않는가?
- ✓ **피드백과 교육 이후에도 변화 없음** – 충분한 지원을 제공했지만, 발전이 없는가?

- ✓ **조직 문화에 부정적인 영향** – 팀워크를 해치거나, 조직 분위기에 악영향을 미치는가?

이 기준을 바탕으로 팀장들에게 다시 질문을 던질 수 있다.

- 📌 **리더가 던질 수 있는 질문**
- ✓ "이 구성원이 낮은 성과를 보이는 이유는 무엇인가요?"
- ✓ "이 구성원에게 어떤 피드백과 지원이 제공되었으며, 그 결과는 어땠나요?"
- ✓ "이 구성원이 개선될 가능성이 있다고 보십니까?"

이처럼 리더가 논의를 구조화하면, 턴어라운드 플레이어 논의가 단순한 감정적 판단이 아니라 객관적인 기준을 바탕으로 이루어질 수 있다.

3. 턴어라운드 플레이어 선정 이후, 통보와 성장 기회 제공하기

턴어라운드 플레이어가 선정되었다면, **이후의 과정이 더욱 중요하다.** 낮은 성과를 보인다고 해서 **단순히 '당신은 턴어라운**

드 플레이어입니다'라고 통보하는 방식은 절대 금물이다.

이는 구성원에게 큰 상처를 줄 뿐만 아니라, 조직 내 불만과 사기를 저하시킬 가능성이 크다.

따라서, 리더는 직접 턴어라운드 플레이어와 원온원 미팅을 진행해야 한다.

이 과정은 팀장이 아니라, 캘리브레이션 미팅에서 의사결정을 내린 상위 리더(본부장, 부문장, 실장)가 직접 진행해야 한다.

📌 **턴어라운드 플레이어 원온원 미팅을 할 때 리더가 강조해야 할 것**

1. 피드백은 냉철하지만, 따뜻한 태도로 전달하라.

"지난 1년간 당신의 성과를 분석해 본 결과, 기대했던 성장 속도가 나오지 않았습니다. 하지만 저는 여전히 당신이 조직에서 성장할 가능성이 있다고 믿고 있습니다."

2. 단순한 평가가 아니라, 구체적인 개선 방안을 함께 논의하라.

"앞으로 6개월 동안 구체적으로 어떤 부분을 개선할지, 함께 계획을 세워보죠."

3. 목표와 기준을 명확히 설정하라.

"이제부터 우리는 성과 개선을 위한 실질적인 목표를 설정할 것입니다. 3개월 후, 6개월 후에 성과가 어떻게 변화하는지 다시 논의할 기회를 가질 것입니다."

4. 턴어라운드 플레이어가 조직 내에서 다시 성장할 수 있는 기회를 열어주라.

"당신이 앞으로 더 나은 방향으로 발전할 수 있도록, 추가적인 멘토링과 지원을 제공할 계획입니다."

이처럼, 턴어라운드 플레이어에게도 성장의 기회를 제공하는 것이 중요하며, 단순한 평가로 끝나는 것이 아니라 실질적인 변화로 이어질 수 있도록 유도해야 한다.

턴어라운드 플레이어 논의는 신중하면서도 명확하게 진행해야 한다

- ✓ 팀장들이 방어적으로 나오지 않도록, 논의의 초점을 '개선 가능성'에 맞춰야 한다.
- ✓ 턴어라운드 플레이어 평가 기준을 명확히 하여, 감정적인 판단이 아니라 객관적인 데이터를 중심으로 논의해야 한다.
- ✓ 턴어라운드 플레이어 선정 이후에는, 리더가 직접 원온원 미팅을 진행하여 성장과 개선의 기회를 제공해야 한다.

턴어라운드 플레이어 논의는 어렵지만, <u>이 과정을 통해 조직</u> <u>이 성장하고, 보다 건강한 성과 문화를 구축할 수 있다.</u>

사례

• • •

본 사례는 연구소 조직개발 프로젝트 수행 중 임원 인터 뷰를 통해 채집한 정보를 바탕으로 각색한 내용입니다.

연구소 친환경 구동 장치 개발실의 캘리브레이션 미팅이 막바지에 다다랐다. 임팩트 플레이어 논의가 끝난 후, 이 제 구동 장치 개발 실내 턴어라운드 플레이어를 최종적 으로 선정하는 과정이 진행되고 있었다. 최실장이 회의 를 주재하고 있으며, **각 팀장 4명**과 연구 기획 담당자가 참석했다.

현재 **4명의 후보가 턴어라운드 플레이어로 제시되었지** **만, 최종적으로 2명만 선정해야 하는 상황**이었다.

테이블 위에 성과 리뷰 자료가 놓여 있었고, 참석자들은 신중한 표정으로 자료를 훑어보고 있었다.

1단계: 팀장들이 제시한 4명의 후보 논의 시작

최실장:

"좋습니다. 현재 턴어라운드 플레이어 후보로 4명이 올라왔습니다. 이제 우리는 이들 중 최종적으로 2명을 선정해야 합니다. 앞서 논의한 기준대로 진행하겠습니다.

✓ 1년 이상 성과가 낮았고, 개선의 여지가 없는가?
✓ 충분한 피드백과 교육 이후에도 발전이 없는가?
✓ 조직 문화에 부정적인 영향을 미치는가?"

"각 팀장님들이 추천한 후보들에 대해 다시 한번 논의해 보죠. 팀장님들, 각자의 의견을 설명해 주세요."

2단계: 4명의 후보에 대한 평가 논의

기획팀장:

"우선, 홍책임(시니어 연구원, 20년 차)은 작년부터 연구 프로젝트 기여도가 거의 없습니다. 기본적인 연구는 하지만, <u>새로운 연구나 협업 프로젝트에는 참여하지 않으려고 합니다.</u> 개선하라고 여러 차례 피드백을 드렸는데, 본인이 '나는 이제 그런 거 할 나이는 아니다'라고 하시더군요."

최실장:

"지난번 피드백 이후에도 변화가 없었나요?"

기획팀장:

"네, 솔직히 연구소 내에서도 홍책임이 예전만큼의 열의를 보이지 않는다는 의견이 많습니다. 연구 기여도가 계속 낮아지고 있어요."

최실장:

"알겠습니다. 다른 후보들은 어떻습니까?"

실험팀장:

"김박사(신입 박사, 해외대학 출신)는… 솔직히 연구 능력이 없는 건 아닙니다. 그런데 **협업을 거의 하지 않고, 연구 환경이 부족하다는 불만을 지속적으로 제기**하는 게 문제입니다. 해외에서 연구하던 방식이랑 다르다고 불평이 많아요."

최실장:

"논문을 많이 썼다고 들었습니다."

실험팀장:

"네, 그렇습니다. 그런데, 논문과 실제 연구소 업무는 다르죠. 연구소에서 요구하는 건 '성과'입니다. 논문을 쓴 경험은 많지만, **실제 프로젝트 기여도는 거의 없습니다.**

그리고 피드백을 줄 때마다 '이 환경에서는 연구가 어렵다'라고 하면서 방어적인 태도를 보입니다."

최실장:

"(한숨을 쉬며) 장비가 부족해서 연구를 못 한다는 얘기는 연구소마다 나오는 레퍼토리죠.

하지만 같은 환경에서도 결과를 내는 사람들은 있습니다. 본인이 연구 방향을 조정할 생각을 해야지, 환경 탓만 하고 있다면 문제가 있는 겁니다."

소재개발팀장:

"신입 박사 중에서 유박사(신입 박사)는 좀 애매한 케이스입니다. 연구 경험은 풍부하지만, **실무에 바로 적용하는 능력이 떨어지는 게 문제입니다.** 학교에서는 탁월한 연구자였을지 모르지만, 연구소에서는 좀 더 빠른 실무 적응이 필요합니다."

최실장:

"그렇다면, 유박사는 피드백을 통해 개선될 가능성이 있다고 보십니까?"

소재개발팀장:

"네. 무엇보다 **태도 자체는 긍정적이고, 배우려는 자세가 있습니다.** 그래서 저는 유박사는 턴어라운드 플레이어로 지정하기보다는, 멘토링과 실무 교육을 통해 성장할 수 있는 기회를 주는 것이 더 적절하다고 생각합니다."

최실장:

"(고개를 끄덕이며) 동의합니다. 성장 가능성이 있는 사람을 턴어라운드 플레이어로 분류하는 것은 적절하지 않죠. 그럼 유박사는 제외하고, 나머지 후보들에 대한 논의를 계속하겠습니다."

3단계: 최종 2명 선정(홍책임 & 김박사)

논의가 이어진 끝에, **최종적으로 홍책임과 김박사가 턴어라운드 플레이어로 선정되었다.**

- ✓ **홍책임**(20년 차 책임연구원): 연구 참여도가 낮고, 협업을 기피하며, 피드백 후에도 변화 없음.
- ✓ **김박사**(신입 박사, 해외대학 출신): 협업 거부, 방어적인 태도, 연구 환경 탓으로 성과 부족.

최실장:

"좋습니다. 최종적으로 홍책임과 김박사를 턴어라운드 플레이어로 선정하겠습니다. 이제, 이들에게 어떻게 피드백을 전달할 것인가를 논의해야 합니다."

기획팀장:

"아… 이거 쉽지 않겠네요. 홍책임은 자존심이 강한 편이고, 김박사는 뭐든 자기 논리로 반박하려고 할 테니까요."

최실장:

"(웃으며) 그러니까 우리가 여기 모여서 대책을 세우고 있는 거죠. 이번 피드백 세션에서는 두 가지를 명확하게 해야 합니다.

✓ 첫째, 피드백의 핵심은 '성과 개선'에 있다.

✓ 둘째, 우리는 감정적인 대화를 하지 않는다. 객관적인 데이터로 논의해야 한다.

그러니, 두 사람과의 대화에서도 '왜 턴어라운드 플레이어로 선정되었는지'를 명확하게 설명하고, 앞으로 개선할 방향을 함께 논의하는 형식으로 가는 게 좋겠습니다."

실험팀장:

"김박사가 연구 환경 탓을 하면 뭐라고 해야 할까요?"

최실장:

"'같은 환경에서도 성과를 내는 사람이 있다'는 걸 이야기해 보면 어떨까요? 연구 환경이 부족할 수도 있지만, 그 환경에서 성과를 내는 것도 연구자의 역량입니다. 그 친구가 방어적인 태도를 줄이려면, **성과 데이터를 기반**

으로 이야기하는 게 중요합니다. 논문이 많다고 성과가 되는 게 아니라, **실제 프로젝트에서 어떤 성과를 냈는지가 핵심이죠.** 그 친구한테 '논문이 아니라, 실제 프로젝트에서 어떤 성과를 냈는지 이야기해 보라'고 질문하면 어떨까요?"

소재개발팀장:

"홍책임에게는 어떻게 얘기해야 할까요?"

최실장:

"홍책임 같은 경우는 연구 기여도가 낮아진 이유가 '의욕 저하'라면, 완전히 배제하는 것이 아니라, 연구소에서 의미 있는 역할을 찾도록 유도하는 게 필요합니다.

그래서 저는 홍책임에게 '멘토링 프로젝트'를 제안하려고 합니다."

[종합]

턴어라운드 플레이어 선정 후, 피드백과 향후 조치 준비

✓ 턴어라운드 플레이어 선정 논의는 감정이 아니라 객관적인 기준을 바탕으로 해야 한다.

✓ 지속적인 성과 부족, 피드백 이후에도 변화 없음, 조직 문화에 미치는 영향을 고려해야 한다.

✓ 턴어라운드 플레이어로 선정된 이후에도, 리더는 이들을 완전히 배제하는 것이 아니라 성장의 기회를 제공할 방안을 함께 고민해야 한다.

이제, 턴어라운드 플레이어들에게 결과를 통보하고 피드백을 진행하는 과정으로 넘어가야 한다.

그들의 반응이 어떨지는 모르지만, 리더는 단호하면서도 사려 깊게 대화를 이끌어나가야 한다.

Middle Performer는
조직의 기둥이 되기도 한다

"굽은 나무가 선산을 지킨다"는 말이 있다. 줄기가 곧고 멋진 나무는 먼저 베어져 쓰임을 다하지만, 굽고 볼품없는 나무는 끝까지 남아 산을 지킨다는 뜻이다. 조직에서도 마찬가지다. 눈에 띄는 임팩트 플레이어가 조직을 이끌어가는 것처럼 보이지만, 실제로 조직의 뿌리를 튼튼하게 하는 것은 묵묵히 자기 역할을 수행하는 미들 퍼포머Middle Performer들이다. 이들이 조직의 허리를 지탱하지 못하면, 아무리 뛰어난 인재가 있더라도 팀은 쉽게 흔들릴 수밖에 없다. 따라서 이들을 단순히 무난한 구성원으로

치부할 것이 아니라, 적절한 성장 기회를 제공하고 역할을 명확히 하는 것이 필요하다. 캘리브레이션 미팅에서 미들 퍼포머를 논의하는 것은 곧 **조직의 근간을 다지는 과정**이다.

캘리브레이션 미팅에서 임팩트 플레이어와 턴어라운드 플레이어에 대한 논의가 끝나면, 자연스럽게 미들 퍼포머에 대한 논의가 이어진다. 임팩트 플레이어는 조직을 이끄는 핵심 인재이고, 턴어라운드 플레이어는 관리와 개선이 필요한 인원으로 분류된다. 하지만 **조직의 60~70%는 평균적인 성과를 내는 미들 퍼포머들이다.** 리더들이 종종 간과하는 것이 바로 이 미들 퍼포머들의 역할이다. 임팩트 플레이어만으로 조직이 운영될 수는 없다. 또한, 턴어라운드 플레이어를 줄이는 것만으로 조직이 강해지는 것도 아니다.

결국 **미들 퍼포머들이 안정적으로 성과를 내면서 성장할 수 있도록 돕는 것이 조직을 단단하게 만드는 핵심 전략이 된다.** 미들 퍼포머들에 대한 논의는 임팩트 플레이어와 턴어라운드 플레이어처럼 극단적인 평가가 필요하지 않지만, 이들을 단순히 '무난한 사람들'로 치부하고 방치하는 것은 조직의 경쟁력을 약화시킨다. 그렇다면, 캘리브레이션 미팅에서 미들 퍼포머를 어떻게 논의해야 할까? 또한, 이들을 어떻게 성장시키고 조직 내에서 의미 있는 역할을 하도록 할 수 있을까?

1. 미들 퍼포머를 논의할 때 흔히 발생하는 문제

캘리브레이션 미팅에서 미들 퍼포머에 대한 논의는 보통 다음과 같은 흐름을 보인다.

- ✓ "이 구성원은 그냥 무난합니다. 딱히 문제도 없고, 뛰어나지도 않고요."
- ✓ "이 구성원은 열심히는 하는데, 임팩트 플레이어급이라고 보기엔 애매하죠."
- ✓ "성과가 아주 나쁘진 않지만, 그렇다고 조직을 주도하는 건 아닙니다."

즉, 뭔가 크게 문제는 없지만, 그렇다고 특별히 눈에 띄는 성과도 없는 사람들로 분류되며, 결국 구체적인 조치 없이 논의가 끝나버리는 경우가 많다.

하지만 이런 식으로 접근하면 미들 퍼포머들은 성장의 기회를 잃고, 조직 내에서 점점 무기력한 상태에 빠지게 된다.

따라서 미들 퍼포머 논의에서 중요한 것은 '이들을 어떻게 성장시킬 것인가'에 대한 방향성을 명확히 하는 것이다.

2. 미들 퍼포머를 세분화해서 논의하라

모든 미들 퍼포머가 같은 상태는 아니다. 이들을 효과적으로 논의하기 위해서는 **세 가지 유형으로 나누어 논의하는 것이 중요하다.**

첫째, 성장 가능성이 있는 미들 퍼포머이다. 이들은 현재는 미들 퍼포머이지만, 적절한 기회와 피드백을 제공하면 임팩트 플레이어로 성장할 가능성이 있는 인재들이다. 주어진 역할을 충실히 수행하고 있으며, 배움에 대한 의지가 높고 개선할 여지가 있는 경우가 많다.

둘째, 안정적인 기여를 하는 미들 퍼포머이다.

이들은 조직 내에서 중요한 역할을 하고 있지만, **임팩트 플레이어처럼 적극적으로 리딩하거나 혁신을 주도하지는 않는 유형**이다. 이들을 무조건 성장시키려고 하기보다, **현재의 강점을 살려서 조직 내에서 더 효과적으로 기여할 수 있도록 하는 것이 중요하다.**

셋째, 정체된 미들 퍼포머이다.

이들은 오랫동안 같은 성과 수준을 유지하고 있으며, 변화의 의지가 크지 않다. 이 경우, 리더는 **이들이 조직 내에서 더 의미 있는 역할을 맡도록 유도하거나, 동기부여를 통해 보다 적극적**

인 참여를 유도할 방법을 고민해야 한다.

캘리브레이션 미팅에서는 이 세 가지 유형을 구분하여 논의해야 한다. 특히, '성장 가능성이 있는 미들 퍼포머'에 대한 논의를 가장 중요하게 다루어야 한다.

3. 미들 퍼포머 논의를 위한 핵심 질문

리더들은 미들 퍼포머 논의에서 다음과 같은 질문을 던지며 논의를 진행할 수 있다.

- ✓ "이 구성원이 현재보다 더 높은 성과를 낼 수 있는 가능성이 있는가?"
- ✓ "이 구성원은 임팩트 플레이어로 성장할 가능성이 있는가, 아니면 안정적인 기여자로 유지되는 것이 적절한가?"
- ✓ "이 구성원에게 더 효과적으로 기여할 수 있는 역할을 부여할 수 있는가?"
- ✓ "이 구성원이 동기부여를 느낄 수 있도록 리더가 제공해야 할 피드백은 무엇인가?"

이 질문들을 통해, 미들 퍼포머에 대한 논의가 **단순히 현 상**

태를 평가하는 것이 아니라, 미래의 성장 가능성과 조직 내에서의 역할을 고민하는 과정으로 이어질 수 있도록 해야 한다.

4. 미들 퍼포머를 성장시키기 위한 실질적인 조치

캘리브레이션 미팅에서 미들 퍼포머 논의를 마쳤다면, 이제는 이들을 효과적으로 성장시키기 위한 구체적인 조치를 고민해야 한다.

1. **성장 가능성이 있는 미들 퍼포머에게 도전적인 과제를 부여한다.**
   - 새로운 프로젝트에 참여할 기회를 주거나,
   - 상위 리더와 협업할 기회를 제공하여 성장의 기회를 만들어야 한다.

2. **안정적인 기여를 하는 미들 퍼포머의 역할을 더욱 명확하게 정리한다.**
   - 이들에게 **전문성을 발휘할 수 있는 프로젝트나 역할을 부여**하는 것이 중요하다.
   - 모든 사람이 임팩트 플레이어가 될 필요는 없지만, 각자의 강점을 살릴 수 있도록 해야 한다.

3. **정체된 미들 퍼포머에게는 동기부여 요소를 추가한다.**

- 이들에게 피드백을 제공하면서, **조직에서 더욱 의미 있는 역할을 맡을 수 있도록 유도**해야 한다.
- 필요할 경우, **멘토링이나 코칭을 통해 새로운 자극을 제공하는 것도 효과적이다.**

미들 퍼포머를 방치하면 조직의 성장도 멈춘다. 미들 퍼포머를 관리하는 핵심은 이들의 역할을 명확하게 정리하고, 성장의 기회를 제공하는 것이다. 단순히 "그럭저럭 괜찮은 사람"으로 남게 해서는 안 된다. 이들이 조직 내에서 어떤 방향으로 성장해야 하는지를 정리하고, 그에 맞는 피드백과 지원을 제공하는 것이 중요하다.

미들 퍼포머는 조직의 허리 역할을 한다. 이들이 안정적으로 성장할 수 있도록 돕지 않으면, 조직의 지속적인 성과 유지는 어렵다. 임팩트 플레이어만으로 조직을 운영할 수 없고, 턴어라운드 플레이어를 줄이는 것만으로 조직이 강해지는 것도 아니기 때문이다. 결국, 조직을 안정적으로 유지하고 성장시키는 것은 미들 퍼포머를 어떻게 관리하느냐에 달려 있다.

이제 캘리브레이션 미팅에서 가장 중요한 마지막 단계로 넘어가야 한다. 논의가 끝난 후, 리더가 해야 할 후속 조치와 팔로업 과정이 남아 있다. 단순히 평가에서 끝나는 것이 아니라, 결정된 내용을 실행하고 지속적으로 관리하는 것이 조직의 성과를 좌우한다.

사례: 미들 퍼포머 논의

• • •

고반발 골프공을 개발하는 스타트업의 캘리브레이션 미팅이 진행되고 있다. 회사는 총 40명의 인력으로 구성되어 있으며, 제품 개발, 마케팅, 생산, 운영이 긴밀하게 연결되어 움직이고 있다. 빠르게 성장하는 스타트업에서 **인재 관리와 성과 정렬은 단순한 평가를 넘어 조직의 지속 가능성을 결정짓는 핵심 요소**다. 이에 따라 경영진은 정기적으로 캘리브레이션 미팅을 열어 구성원들의 성과를 검토하고, 성장 방향을 논의하는 프로세스를 운영하고 있다.

이번 미팅에는 CHO(최실장)가 진행을 맡았으며, CEO, CTO(연구개발 총괄), CMO(마케팅 총괄), CPO(생산 및 제품 관리 총괄), CFO(재무 및 사업 운영 총괄) 등 주요 경영진이 참석했다. 임팩트 플레이어와 턴어라운드 플레이어 논의가 마무리된 후, **조직의 70%를 차지하는 미들 퍼포머에 대한 논의가 시작되었다.**

미들 퍼포머는 조직의 기반을 이루는 핵심 그룹이지만,

성장의 기회를 충분히 제공받지 못하면 조직 내에서 정체될 위험이 크다. 반대로, 적절한 성장 경로를 제시하고 역할을 정리해 주면 조직 전체의 성과를 끌어올릴 수 있다. 따라서 이번 미팅에서는 미들 퍼포머를 성장 가능성이 높은 인재와 안정적인 기여자로 구분하고, 각자가 조직에 더 효과적으로 기여할 수 있도록 방향을 설정하는 것이 목표다.

경영진은 미들 퍼포머 전반을 논의한 후, 대표적인 사례로 두 명을 선정하여 심층적으로 논의하기로 했다.

김빈은 마케팅팀에서 3년 차로 근무하며 브랜드 마케팅 및 온라인 채널 운영을 담당하고 있으며, 최민은 연구개발팀에서 5년 차로 신소재 개발과 성능 테스트를 담당하고 있다. 이 두 명을 중심으로 논의를 진행하지만, 실제로 모든 미들 퍼포머에 대한 논의는 동일한 프로세스로 이루어졌음을 감안하고 예시를 살펴보면 좋겠다.

1. 김빈(마케팅팀, 3년 차) – 성장 가능성이 있는 미들 퍼포머 논의

CHO:

"자, 먼저 김빈부터 논의하겠습니다. 현재 마케팅팀에

서 3년 차이고, 담당 직무는 브랜드 마케팅 및 온라인 채널 운영입니다. 핵심 성과 지표(KPI)로는 온라인 광고 전환율, 신규 고객 유입률, SNS 채널 성장률이 있습니다. 지난 1년간 데이터를 보면, 전환율 18%, 신규 고객 유입 12% 증가, SNS 채널 팔로워 35% 성장을 기록했어요. 이 수치는 팀 평균보다 높은 편이지만, 임팩트 플레이어 수준에는 미치지 못하는 상황입니다. 각자 의견 주시죠."

CPO:

"수치를 보면, 김빈은 성과가 안정적이지만, 폭발적인 성장은 아직 부족한 상태네요. 다만, 신규 고객 유입 성과는 주목할 만합니다. 이건 김빈이 자율적으로 기획한 SNS 광고 캠페인이 주효했던 것으로 보이는데, 실제로 이 프로젝트에서 팀 내에서 주도적인 역할을 했나요?"

CTO:

"네, 그 캠페인은 김빈이 아이디어를 내서 실행한 걸로 알고 있습니다. 다만, 전반적인 마케팅 전략을 리딩하는 수준은 아니었어요. 하지만 새로운 트렌드를 빨리 캐치하고 실행으로 옮기는 능력은 확실히 뛰어납니다. 이 부분을 더 키울 수 있다면, 성장 가능성이 충분해 보이네요."

CFO:

"숫자로 보더라도, 김빈은 ROI(투자 대비 효과)가 평균보다 높습니다. 광고 예산을 기존보다 10% 줄였음에도 성과를 유지했으니, 비용 최적화와 성과 창출을 동시에 해냈다고 볼 수 있습니다. 이런 유형의 사람은 적절한 멘토링과 성장 기회를 주면, 임팩트 플레이어로 발전할 가능성이 큽니다."

CMO:

"김빈이 현재 실행 중심의 역할을 하고 있지만, 브랜드 전략 기획에 대한 경험이 부족합니다. 임팩트 플레이어로 성장하려면 **전략적 사고를 키울 수 있는 프로젝트**에 참여하는 게 필요합니다. 브랜드 마케팅 기획 역할을 일부 맡기고, 상위 리더들과 함께 전략을 수립하는 과정에 참여하도록 하면 좋을 것 같습니다."

CHO:

"좋습니다. 그럼 김빈에 대한 결론을 내리죠. 성장 가능성이 높은 미들 퍼포머로 분류, 기획 및 전략 수립 기회를 제공하여 임팩트 플레이어로 성장 유도 브랜드 마케팅 기획 역할을 추가적으로 맡겨 더 넓은 경험을 쌓을 수 있도록 지원하는 방향으로 결정하는 게 적절할까요?"

(모두 동의하며 고개를 끄덕인다.)

2. 최민(연구개발팀 엔지니어, 5년 차) – 안정적인 기여를 하는 미들 퍼포머 논의

CHO:

"다음은 최민입니다. 연구개발팀에서 5년 차 엔지니어로 근무 중이며, 담당 직무는 신소재 개발 및 성능 테스트입니다. 핵심 성과 지표(KPI)는 신소재 개발 진행률, 제품 성능 개선율, 특허 출원 건수입니다. 지난 1년간 데이터를 보면, 신소재 연구 3건 완료, 성능 개선율 8%, 특허 출원 1건이 있었습니다. 각자 의견 부탁드립니다."

CTO:

"최민은 실험 데이터를 꼼꼼하게 관리하고, 연구 결과를 일관되게 도출하는 능력이 뛰어난 연구원입니다. 하지만, 새로운 시도를 하거나 기존의 방식에서 벗어나 혁신을 주도하는 성향은 크지 않습니다. 그렇다고 해서 성과가 낮은 것도 아니고, 꾸준하게 연구소에서 안정적인 기여를 하고 있는 상태입니다."

CMO:

"지금 말씀하신 내용을 정리하면, 최민은 임팩트 플레이어가 될 가능성이 높지는 않지만, 현재 연구개발팀에서 신뢰받는 구성원이라는 뜻이네요."

CHO:

"좋습니다. 그럼 최민에 대한 결론을 내리죠. 안정적인 기여를 하는 미들 퍼포머로 분류, 신소재 연구 분야의 전문성을 강화하는 방향으로 육성 연구소 내에서 특정 분야의 전문가로 자리 잡을 수 있도록 지원하는 방향이 적절할까요?"

(모두 동의하며 고개를 끄덕인다.)

캘리브레이션 미팅 후 최종 정리

CHO:

"정리하면, 김빈은 성장 가능성이 높은 미들 퍼포머로, 브랜드 기획 역할을 추가하여 임팩트 플레이어로 발전할 수 있도록 한다. 최민은 안정적인 기여를 하는 미들 퍼포머로, 신소재 연구 전문가로 성장할 수 있도록 한다. 오늘 논의한 내용을 기반으로, 개별 피드백을 진행하고 각 본부에서 실행 계획을 수립하는 것으로 정리하겠습니다."

CEO:

"좋습니다. 이제 논의된 방향대로 실행하는 것이 중요하겠군요."

폭풍이 몰아치면 파도를 타야 한다

———

캘리브레이션 미팅이 순조롭게 진행되면 좋겠지만, 현실에서는 갈등이 발생하는 경우가 많다. 폭풍이 몰아치고, 돌풍이 보는 순간이 있다. 특히, **성과평가와 관련된 논의는 의견 차이가 크고, 팀장들 간의 이해관계가 얽혀 있기 때문에 감정적인 대립이 일어나기도 한다.** 이러한 상황에서 리더는 단순히 중재자가 아니라, **논의를 생산적으로 이끌어 가는 촉진자 역할**을 해야 한다. 폭풍이나 파도를 이겨내려고 하면 안 된다. 유연하게 파도를 타고 넘어야 한다. 현명한 선장은 파도를 탓하지 않는다. 지금 해야 할 일을 할 뿐이다.

다음은 캘리브레이션 미팅에서 자주 발생하는 세 가지 어려운 상황과 리더가 이를 조정하는 방법에 대한 사례다.

사례 1: 팀장들이 자기 팀 구성원을 과대 평가하는 경우

상황:

한 부문의 팀장들이 자신의 팀원들을 객관적으로 평가하지 않고, 지나치게 높은 등급을 주장하는 상황이다. 예를 들어, 전체적으로 **임팩트 플레이어 할당이 10%로 제한되어 있지만, 일부 팀장들이 "우리 팀원들은 다 A급이다"라며 등급 조정을 거**부하는 것이다.

회의 진행 과정:

CTO:

"우리 팀에서는 김 엔지니어와 박 엔지니어가 모두 임팩트 플레이어로 선정되어야 한다고 생각합니다.

두 사람 모두 핵심 연구 과제를 주도하고 있고, 팀원들도 인정하는 리더 역할을 하고 있습니다."

CPO:

"그런데 현재 연구개발팀에서만 임팩트 플레이어 후보가 5명이나 올라왔습니다.

전체적으로 10% 할당을 유지해야 하는데, 이렇게 되면 조정이 불가피합니다."

CMO:

"마케팅에서도 두 명을 추천했는데, 이렇게 되면 연구개발팀이 임팩트 플레이어를 독점하는 셈이 됩니다."

CTO:

"연구개발의 기여도가 중요하니까요. 결국 제품이 경쟁력을 가지려면 연구개발이 핵심이죠."

리더의 개입과 조정:

CHO(최실장):

"좋습니다. 지금 논의의 핵심은 **임팩트 플레이어를 공정하게 선정하는 것**이죠. 이 논의를 감정적으로 진행하면, 어느 한쪽도 만족할 수 없는 결과가 나올 수 있습니다. 우선, 우리 조직이 임팩트 플레이어를 선정하는 원칙을 다시 한번 확인하겠습니다.

- ✓ 임팩트 플레이어는 단순한 성과가 아니라, 조직 성장에 중요한 역할을 하는 인재다.
- ✓ 각 부문 간 균형을 유지해야 한다.
- ✓ 주관적 판단이 아니라, **정량적 데이터와 기여도를 기반으로 선정해야 한다.**

CTO님, 김 엔지니어와 박 엔지니어가 임팩트 플레이어로 선정되어야 한다고 하셨는데, 각각의 성과를 수치화해서 비교해보면 어떨까요? 그리고 CMO님과 CPO님께서 제시하신 후보들과 비교했을 때, 어떤 부분에서 상대적으로 더 큰 기여를 했는지를 살펴보겠습니다. 이 과정을 거친 후, **필요하다면 임팩트 플레이어의 비율을 상향 조정할 수도 있고, 그렇지 않다면 합리적인 선에서 조정하는 방향으로 논의를 진행하겠습니다.**"

결과:

팀장들은 자신의 주장을 감정적으로 밀어붙이는 대신, 데이터와 기여도를 기반으로 논의하는 방향으로 전환했다. 최종적으로 임팩트 플레이어를 선정할 때 일부 조정이 있었지만, **논의 과정이 공정하다는 공감대가 형성되면서 원활하게 조정되었다.**

사례 2: 특정 팀장이 평가 조정에 반발하는 경우

상황:

한 팀장이 자신의 팀원에 대한 평가 조정을 강하게 반대하며, "이렇게 평가하면 우리 팀원들의 사기가 떨어질 것이다"라며 논의를 거부하는 상황이다.

회의 진행 과정:

CFO:

"우리 팀에서는 이 과장이 올해 성과가 평균 대비 낮은 것으로 평가되었습니다. 목표 대비 실적이 70% 수준에 그쳤고, 팀 내에서도 기여도가 상대적으로 낮았습니다."

CTO:

"그렇지만 이 과장은 새로운 프로젝트를 맡아 리스크를 감수하며 진행했습니다. 결과는 기대에 못 미쳤지만, 시도 자체가 의미 있는 것이었기 때문에 평가를 낮추는 것은 부당하다고 생각합니다."

CMO:

"하지만 성과는 성과입니다. 새로운 시도를 했다고 해도 결국 결과가 중요하죠."

CTO:

"이렇게 평가하면 앞으로 A팀원이 새로운 시도를 두려워할 겁니다."

리더의 개입과 조정:

CHO(최실장):

"CTO님 말씀처럼, **새로운 시도를 장려하는 문화**는 중요합니다. 하지만 캘리브레이션 미팅에서는 '도전' 자체가 아니라, **도전의 결과**를 평가하는 과정입니다. 그렇다면, 우리가 해야 할 일은 **새로운 시도가 조직에서 인정받을 수 있는 평가 방식을 마련하는 것**이지, 기존의 평가 기준을 무너뜨리는 것이 아닙니다. 그래서 저는 이렇게 제안하고 싶습니다.

> ✓ 이 과장의 성과를 **단순히 실패로 평가하는 것이 아니라, 시도한 과정과 결과를 균형 있게 반영할 수 있도록 평가 기준을 보완할 수 있는지 논의해 보겠습니다.**
> ✓ 하지만 현재의 기준 안에서는, 객관적인 성과를 반영하는 것이 맞습니다.
> ✓ 따라서, 이번 평가에서는 성과 조정을 유지하되, 향후 **새로운 시도를 평가하는 방법을 추가적으로 논의하는 방식**이 어떨까요?"

결과:

CTO는 초기에는 반발했지만, 평가 기준의 개선이 함께 논의된다는 점에서 수용할 여지를 찾았다.

결국 이 과장의 평가 조정은 유지되었지만, **리더십 팀 전체가 이후 평가 기준을 보완하기로 하면서 논의가 원만하게 마무리**

되었다.

결정이 나지 않을 때: 리더가 정리하고 방향을 제시하는 법

캘리브레이션 미팅에서 팀장들이 끝없는 논쟁을 벌이며 결정을 내리지 못하는 경우가 있다.

이럴 때 리더는 어떻게 논의를 마무리하고 방향을 제시해야 할까?

- ✓ 논의의 핵심을 다시 정리한다.
- ✓ 데이터와 기준을 다시 한번 강조한다.
- ✓ 모두가 만족할 수 없는 결정을 내려야 할 경우, 리더가 책임지고 결정한다.

예시:

CHO(최실장):

"우리가 이 논의를 20분째 이어가고 있는데, 아직 결론을 내리지 못하고 있습니다. 논쟁이 계속되는 이유는 두 가지입니다. 첫째, 평가 기준을 적용하는 방식에서 시각 차이가 있다. 둘째, 특정 인원의 평가에 대해 감정적인 부분이 개입되었다. 하지만 캘리브레이션 미팅은 **완벽한 합의를 위한 자리가 아니라, 조직**

의 방향을 정리하는 자리입니다. 따라서, 저는 지금까지 나온 의견을 바탕으로 결론을 내리고자 합니다.

✓ 임팩트 플레이어 할당은 기존 기준을 유지하고, 필요하면 향후 조정안을 다시 논의한다.
✓ 평가 논쟁이 있었던 인원에 대해서는 데이터 기반으로 최종 조정하고, 추가적인 피드백 과정을 제안한다.

이 방향으로 정리하는 것이 적절하겠습니까?”

(대부분 동의하며 논의가 마무리된다.)

논의가 길어질 때, 리더가 정리하고 다음 단계를 제시한다

캘리브레이션 미팅에서는 구성원의 성과에 대한 평가를 조정하는 과정에서 **의견이 첨예하게 대립하는 순간**이 발생한다. 특정 인원의 등급 조정에 대한 반발, 데이터와 정성적 평가 사이의 시각 차이, 부서 간 이해관계 등이 얽히면 리더가 개입하지 않으면 논의가 끝없이 이어지고 감정적 대립으로 변질될 가능성이 높아진다.

이런 상황에서 리더는 **논의의 혼선을 줄이고, 생산적인 방향으로 논의를 정리하는 역할**을 해야 한다. 리더가 결정을 내리는 방식은 단순한 '최종 결정'이 아니라, **결정의 과정 자체가 공정하고 논리적으로 진행되도록 조정하는 것**이다.

1. 논의가 첨예하게 대립할 때 리더가 조정하는 원칙

- ✓ 논의의 핵심을 다시 정리한다.
- ✓ 데이터와 정량적 기준을 강조하여 감정적인 논의를 차단한다.
- ✓ 결정을 즉시 내릴 것인지, 보류할 것인지, 추가 논의가 필요한지 선택한다.
- ✓ 논란이 지속될 경우, 결정의 방식을 제안한다.

이 원칙을 기반으로, 리더가 사용할 수 있는 방법을 구체적으로 살펴보자.

2. 리더가 활용할 수 있는 결론 도출 방식 5가지

① 즉시 결단: 논란을 마무리하고 결정하는 방법
언제 사용하는가?

- 논란의 핵심이 데이터와 정량적 평가로 확인될 수 있을 때
- 불필요한 감정적 논쟁이 길어질 가능성이 있을 때
- 이미 논의를 충분히 했고 추가적인 정보가 나오기 어려울 때

리더의 개입 예시

최서준 실장(CHO):

"지금 논의가 20분 이상 이어지고 있습니다. 박 본부장께서는 이 직원을 임팩트 플레이어로 선정해야 한다고 주장하고, 이현우 팀장은 B 등급이 적절하다고 하고 있습니다. 우리가 고려해야 할 핵심 지표는 무엇이었죠?"

윤성우 재무본부장(CFO):

"매출 기여도와 시장 확장 전략에서의 역할입니다."

최서준 실장(CHO):

"좋습니다. 해당 직원의 매출 기여도는 목표 대비 105%, 장확장 전략에서 주도적인 역할을 했다는 정성적 피드백이 있습니다. 따라서, 지금까지의 논의를 종합하면 이 직원은 임팩트

플레이어로 선정하는 것이 합리적입니다. 이제 더 이상의 논쟁 없이 결정하고 다음 안건으로 넘어가겠습니다."

② 파킹랏(Parking Lot) 활용: 보류 후 후속 논의로 넘기는 방법

언제 사용하는가?

- 논의가 첨예하지만, 당장 충분한 데이터를 확보하기 어려울 때
- 논란이 되는 부분에 대해 추가적인 검토가 필요할 때
- 이해관계가 엇갈려 합의가 어려울 때

리더의 개입 예시

최서준 실장(CHO):

"이 논의는 지금 결론을 내기 어려운 상황입니다. 따라서 **이 안건을 '파킹랏'으로 옮기고, 추가 데이터를 확보한 후 마무리 단계에서 다시 논의하는 것**을 제안합니다. 윤성우 본부장님과 김도연 마케팅본부장님께서 각자의 데이터를 보강해서 제출해 주세요. 그 후에 더 객관적인 기준을 바탕으로 결정하겠습니다."

③ 회의 종료 시점에 결정: 감정적 논쟁을 피하는 방법

언제 사용하는가?

- 감정이 격해져 논의가 비생산적으로 흐를 때
- 구성원들이 논란을 끝까지 고수하며 접점을 찾기 어려울 때
- 다른 논의가 먼저 해결된 후 전체적인 조정이 필요할 때

리더의 개입 예시

최서준 실장(CHO):

"지금 이 사안에 대한 논의가 계속해서 이어지고 있습니다. 하지만 감정적으로 접근하면 논의를 공정하게 정리하기 어렵습니다. 우선 다른 안건을 먼저 논의한 후, 마지막에 다시 돌아와 결정을 내리겠습니다."

(회의 종료 시점)

최서준 실장(CHO):

"이제 마지막으로 보류했던 사안을 다시 논의할 시간입니다. 다른 결정들이 정리되면서 전체적인 평가 기준이 명확해졌으니, 이제 다시 논리적으로 검토한 후 결정을 내리겠습니다."

④ 중재안 제시: 완충 지점을 찾아 해결하는 방법

언제 사용하는가?

- A와 B 의견이 극단적으로 대립할 때
- 한쪽의 의견을 무조건 따르기 어려운 경우

- 타협안을 제시하면 합의가 가능할 때

리더의 개입 예시
최서준 실장(CHO):

"박준호 팀장과 이현우 팀장이 각각 상반된 의견을 내고 있습니다. 그렇다면, **기존 평가를 유지하면서 추가적인 성장 목표를 설정하는 방식**은 어떨까요? 즉, 이 직원을 B+ 등급으로 두되, 향후 6개월, 그리고 다시 6개월간 성과 개선 목표를 설정하고, 내년에는 임팩트 플레이어 대상으로 바로 넣어두고 재논의하는 방식입니다."

⑤ 팀장들에게 투표를 요청하는 방법
언제 사용하는가?

- 논의가 반복되며 결론이 나지 않을 때
- 리더가 일방적으로 결론을 내리기 부담스러울 때
- 특정 안건에 대해 팀장들의 의견을 빠르게 모아야 할 때

리더의 개입 예시
최서준 실장(CHO):

"우리가 지금 논의하고 있는 이 사안에 대해 두 가지 선택지

가 있습니다.

1. 기존 평가를 유지한다.

2. 새로운 평가 기준을 적용해 등급을 조정한다.

논의가 길어지는 만큼, 팀장들의 의견을 빠르게 정리하기 위해 투표를 진행하겠습니다.

각자의 의견을 명확히 해주시고, 과반 이상의 의견이 모이면 결론을 내리겠습니다."

(투표 진행 후)

최서준 실장(CHO):

"과반 이상의 동의가 나왔습니다. 따라서 이번 결정은 기존 평가를 유지하는 방향으로 마무리하겠습니다."

리더는 결정을 조정하는 사람이 아니라, 생산적으로 논의를 이끄는 사람이다.

✓ 즉시 결단을 내리는 것이 필요할 때와, 보류가 필요한 때를 구분하라.

✓ 파킹랏을 활용해 추가 검토가 필요하면 미팅 이후 후속 논의를 진행하라.

✓ 감정적 논란이 커질 경우, 논의를 다른 안건으로 전환한

후 종료 시점에 다시 논의하라.
- ✓ 중재안을 제시하여 양측이 수용할 수 있는 접점을 찾아라.
- ✓ 팀장들의 의견을 빠르게 모아야 할 때는 투표를 활용하라.

캘리브레이션 미팅에서 리더는 단순한 최종 결정자가 아니라, 논의를 조정하고 생산적인 방향으로 이끄는 역할을 해야 한다. 결국, 어떤 결정을 내리는지도 중요하지만, 그 결정이 어떻게 만들어졌는지가 더 중요하다. 캘리브레이션 미팅에서 리더가 논의를 조정하는 방식 자체가 조직의 성숙도를 결정짓는다.

결정을 실행 가능한 계획으로 연결한다

캘리브레이션 미팅이 끝났다고 해서 조직의 성과관리가 마무리되는 것은 아니다. 오히려 이 시점부터가 중요하다. 미팅에서 논의된 내용이 실제 조직 운영과 연결되지 않는다면, 단순한 평가 조정 회의로 끝나버릴 가능성이 크다. 따라서 리더는 미팅 종료 후에도 논의된 내용이 실행으로 이어질 수 있도록 철저하게 마무리해야 한다. 그렇지 않으면 캘리브레이션 미팅은 단순한 의견 교환의 장으로 전락하고, 조직 내 신뢰도와 성과관리는 제대로 정착되지 못할 것이다.

미팅 종료 시 반드시 챙겨야 할 네 가지 요소는 ① 결정 사항을 명확하게 정리하여 공유한다, ② 임팩트 플레이어, 턴어라운드 플레이어, 미들 퍼포머 각각에 대한 후속 조치를 정리한다, ③ 각 리더의 역할과 책임을 명확하게 지정한다, ④ 다음 캘리브레이션 미팅까지의 실행 계획을 수립하는 것이다.

결정 사항을 명확하게 정리하여 공유한다.

캘리브레이션 미팅에서 가장 중요한 것은 최종적으로 내려진 결정 사항을 명확하게 정리하고, 이를 모든 리더들에게 동일한 기준으로 공유하는 것이다. 논의 과정에서 감정이 오가고, 각자의 시각에서 논의가 진행되었기 때문에 결론이 명확하지 않거나 오해가 남아 있으면 실행 단계에서 혼선이 생길 수 있다. 미팅을 마무리할 때는 결정된 내용을 문서화하고, 모든 참석자들에게 이를 정확하게 공유하는 과정이 반드시 필요하다.

우선, 임팩트 플레이어, 턴어라운드 플레이어, 미들 퍼포머로 분류된 인원과 그 선정 이유를 명확하게 정리해야 한다. 각 인원이 조직 내에서 어떤 역할을 담당할 것이며, 어떤 기준으로 평가되었는지를 분명히 해야 한다. 또한, 논의 과정에서 이견이 있었던 부분은 기록으로 남겨 향후 재검토할 수 있도록 하고, 합의된 내용과 남은 논의점을 명확히 구분해야 한다.

미팅이 종료되기 전, 리더들은 최종적으로 "이 내용이 정확한가?"를 확인하는 과정을 거쳐야 한다. 간혹 미팅이 끝난 후에 일부 리더들이 "그때 논의가 명확하지 않았다"거나 "결론이 애매했다"라는 의견을 내놓으면, 실행 과정에서 문제가 생길 수 있다. 따라서 미팅이 종료되기 직전에 한번 더 확인하고, 모든 참석자들이 동의한 후 공유하는 것이 필수적이다.

또한, 조직의 목표와 연결된 결정을 강조해야 한다. 단순히 평가 조정을 위한 회의가 아니라, 조직이 앞으로 나아가야 할 방향과 각 팀원들의 역할을 정리하는 과정이라는 점을 다시 한번 상기시키는 것이 필요하다. "이 회의의 목표는 단순한 평가 조정이 아니라, 조직의 전략과 방향성을 정리하는 과정입니다"라는 메시지를 분명히 전달해야 한다.

임팩트 플레이어, 턴어라운드 플레이어, 미들 퍼포머 각각에 대한 후속 조치를 정리한다

캘리브레이션 미팅은 단순한 등급 조정이 아니라, 구성원의 성장 경로를 설정하는 과정이다. 따라서 임팩트 플레이어, 턴어라운드 플레이어, 그리고 미들 퍼포머 각각에 대한 후속 조치가 필요하다. 이를 명확하게 정리하고 실행하지 않으면, 미팅에서 논의된 내용이 공허한 말로만 남을 가능성이 크다.

임팩트 플레이어로 선정된 인원들은 조직 내에서 더 큰 역할을 맡을 수 있도록 기회를 제공해야 한다. 단순히 등급을 부여하는 것이 아니라, 중요한 프로젝트에 참여할 수 있는 기회를 마련하고, 조직 내에서 영향력을 행사할 수 있도록 지원하는 방안을 마련해야 한다. 또한, 이들의 지속적인 성장을 위해 리더십 교육이나 멘토링 기회를 부여하는 것도 효과적이다.

턴어라운드 플레이어로 분류된 인원들에 대해서는 보다 신중한 접근이 필요하다. 이들에게는 정확한 피드백을 제공하는 것이 가장 중요하다. 단순히 "당신은 성과가 부족합니다"라고 통보하는 것이 아니라, "당신의 성과를 높이기 위해 어떤 방향으로 개선해야 하는지"를 명확하게 제시해야 한다. 또한, 일정 기간 동안 개선 목표를 설정하고, 이 목표를 달성할 수 있도록 지원하는 계획이 마련되어야 한다.

미들 퍼포머들은 조직의 허리를 담당하는 중요한 인력이다. 이들을 단순히 무난한 인력으로 방치하면, 조직의 성장 동력이 약화될 수 있다. 따라서 미들 퍼포머들을 성장 가능성이 높은 인재와 안정적인 기여자로 구분하고, 성장 가능성이 있는 인재들에게는 추가적인 역량 강화 기회를 제공해야 한다. 반면, 안정적인 기여자로 분류된 인원들은 현재의 역할을 최적화할 수 있도록 지원해야 한다.

각 리더의 역할과 책임을 명확하게 지정한다

캘리브레이션 미팅에서 결정된 사항이 조직 내에서 실제로 실행되기 위해서는 각 리더들의 역할과 책임이 명확해야 한다. "각자가 알아서 실행하면 되겠지"라는 태도로 접근하면, 실행력이 떨어지고 결국 미팅에서 논의된 내용이 제대로 반영되지 않는다. 따라서, **캘리브레이션 세션 리더, 하위 리더, 구성원**의 역할을 구체적으로 정리하는 것이 필수적이다.

캘리브레이션 세션 리더는 최종적으로 결정된 내용을 공식적으로 정리하고, 각 리더들에게 공유하는 역할을 맡는다. 또한, 피드백 미팅 및 후속 조치를 관리하고, 성과 개선이 필요한 구성원들에 대한 지원 방안을 검토해야 한다. 이 과정에서 리더십팀과 지속적으로 소통하면서, 평가 기준이 일관되게 유지될 수 있도록 조정하는 것도 중요한 역할이다.

하위 리더들은 각 팀의 구성원들에게 피드백을 전달하고, 성과 향상 계획을 실행하는 책임을 가진다. 특히, 임팩트 플레이어와 턴어라운드 플레이어에 대한 육성 및 개선 계획을 실질적으로 운영하는 것은 하위 리더들의 몫이다. 따라서, 이들이 미팅에서 논의된 내용을 정확히 이해하고 실행할 수 있도록, 세션 리더가 지속적으로 가이드라인을 제공해야 한다.

구성원들은 평가 결과를 바탕으로 자신의 강점과 개선점을 인지하고, 이를 성장의 기회로 삼아야 한다. 특히, 임팩트 플레이어는 더욱 높은 성과를 낼 수 있도록 조직의 기대를 충족해야 하며, 턴어라운드 플레이어는 개선을 위한 목표를 설정하고 이를 달성하기 위한 노력을 기울여야 한다. 또한, 리더와의 정기적인 피드백 미팅을 통해 지속적으로 성과를 점검하고, 필요할 경우 추가적인 지원을 요청하는 것도 중요하다.

다음 캘리브레이션 미팅까지의 실행 계획을 수립한다

캘리브레이션 미팅은 단발성 이벤트가 아니라, 지속적인 성과관리의 일부다. 따라서, 다음 미팅까지 어떤 실행이 이루어질 것인지 명확한 계획이 필요하다.

성과 개선이 필요한 구성원들에 대한 중간 점검 계획을 수립해야 한다. 특히, 턴어라운드 플레이어들에게는 명확한 목표를 설정하고, 일정 기간 동안 성과 향상 여부를 점검해야 한다. 또한, 임팩트 플레이어들이 실제로 성장하고 있는지 확인하는 프로세스를 운영하고, 필요할 경우 추가적인 리더십 교육이나 프로젝트 참여 기회를 제공해야 한다. 또한, 캘리브레이션 미팅에서 논의된 평가 기준이 실제로 효과적인지 검토하고, 필요하면 개선하는 작업도 중요하다. 이번 미팅에서 발생한 논의와 이견들을 정리하여, 다음 미팅에서 평가 기준을 더욱 정교하게 다듬는 과정이 필요하다.

캘리브레이션 미팅이 단순한 평가 조정 회의로 끝나서는 안 된다. 이 회의가 조직의 목표와 성과를 정렬하는 과정이라는 점을 분명히 인식하고, 실행까지 연결하는 것이 가장 중요하다. 따라서, 리더는 단순히 평가를 조정하는 역할이 아니라, **조직을 성장시키는 방향으로 리더십을 발휘하는 역할**을 해야 한다.

9장

다음 BY와 연결한다

Impact Player, Needs Improvement Player 원온원은 직접 챙긴다

대화를 멈추는 순간 의미와 의도는 사라진다. 캘리브레이션 미팅이 끝난 후 가장 중요한 후속 조치는 구성원들과 직접 대화하는 일이다. 특히 임팩트 플레이어와 턴어라운드 플레이어에 대한 피드백은 단순한 통보가 아니라, 미래에 대한 기대를 명확하게 전달하고 방향성을 정리하는 과정이어야 한다.

임팩트 플레이어에게는 더 큰 역할을 맡을 수 있도록 성장의 기회를 부여하는 대화가 필요하고, 턴어라운드 플레이어에게는 분명한 개선 목표와 실행 계획을 전달하는 대화가 필요하다. 반면, 미들 퍼포머는 하위 리더들이 원온원을 진행하며 성장의 기회를 모색할 수 있도록 리더는 그들이 피드백을 효과적으로 전달할 수 있는 가이드를 제공해야 한다.

무엇보다 중요한 것은 대화의 초점이 등급 자체가 아니라, 미래와 목표, 성장과 공헌에 맞춰져야 한다는 점이다. 성과에 대한 대화는 단순한 평가가 아니라, 구성원들이 앞으로 나아가야 할 방향을 제시하는 과정이어야 한다.

임팩트 플레이어와 턴어라운드 플레이어는 반드시 리더가 직접 만나야 한다. 하위 리더들도 만나야 하겠지만 차상위 리더가 이들을 만나는 건 당사자들에게 더 큰 의미가 부여되기 때문이다. 조직에서 중요한 역할을 하는 임팩트 플레이어는 더욱 성장할 수 있도록 기대를 전달해야 하며, 턴어라운드 플레이어는 개선이 필요한 부분을 명확히 인식할 수 있도록 리더가 직접 피드백을 주는 것이 효과적이다. 임팩트 플레이어에게는 이번 평가에서 조직이 당신을 어떻게 바라보고 있는지를 설명하고, 앞으로의 기대를 공유하는 것이 중요하다. 단순한 칭찬이 아니라, 당신이 더 성장하기 위해 어떤 도전 과제가 있는지 함께 논의하는 과정이 되어야 한다. 반면, 턴어라운드 플레이어와의 대화는 평가 결과를 단순히 통보하는 것이 아니라, 당신이 앞으로 어떻게 변화해야 하는지를 구체적으로 설명하는 과정이 되어야 한다. 이 과정에서 중요한 것은 변화를 요구하는 것이 아니라, 변화할 수 있는 길을 제시하는 것이다.

미들 퍼포머와의 대화는 하위 리더들이 담당하는 것이 좋다. 하지만, 미들 퍼포머에게 피드백을 제공하는 하위 리더들의 역할이 중요하다. 하위 리더들이 단순히 평가 결과를 전달하는 것에 그치면 안 되며, 원온원 미팅의 목적이 평가가 아니라 성장이라는 점을 강조해야 한다. 하위 리더들은 먼저 현재 성과에 대한 피드백을 전달하면서, 당신이 이번에 보인 강점과 보완할 점을 함께 이야기해야 한다. 그리고 미래의 기회를 탐색하며, 당신이 앞으로 더 성장하기 위해 어떤 기회를 가질 수 있을지 논의해야 한다. 마지막으로, 구체적인 목표를 설정하며, 당신이 이번 분기에는 어떤 부분을 집중적으로 개선할 수 있을지를 함께 정리해야 한다.

원온원 미팅을 등급 통보가 아니라 성장 대화로 만들기 위해서는 몇 가지 원칙을 지켜야 한다. 먼저, 피드백의 시작은 등급이 아니라 성장 포인트로 시작해야 한다. 등급을 먼저 이야기하면 방어적인 태도를 유발할 수 있기 때문이다. 따라서, 당신이 이번 평가에서 기여한 가장 큰 성과는 무엇인지 먼저 질문하고, 이번 분기에 당신이 성장한 부분이 있다고 느끼는지 묻는 것이 좋다. 이후에는 성과와 성장의 연결점을 찾아야 한다. 이번 성과를 바탕으로 앞으로 어떤 기회를 만들 수 있을지, 이전 분기보다 개선된 부분이 있다면 다음에는 어디까지 성장할 수 있을지를 함께 고민해야 한다. 마지막으로, 대화를 구체적인 실행 계획으로 마무리해야 한다. 다음 분기에는 어떤 목표를 설정할지, 그 목표를 달성하기 위해 어떤 자원이 필요한지를 구체적으로 정리해야 한다.

리더가 피드백을 효과적으로 전달하기 위해 반드시 지켜야 할 점이 있다. 턴어라운드 플레이어와의 대화에서는 기회와 기대를 함께 전달해야 한다. 당신이 앞으로 성장할 수 있도록 조직에서 어떤 지원을 해줄 수 있는지를 설명하면서도, 당신에게 기대하는 것이 무엇인지도 분명하게 말해야 한다. 임팩트 플레이어에게는 축하가 아니라 더 큰 도전을 제시해야 한다. 이번 평가에서 좋은 성과를 냈지만, 우리는 여기서 멈추지 않는다며 앞으로 더 큰 역할을 맡고 싶다면 어떤 부분을 더 개발해야 할지를 논의하는 것이 중요하다. 미들 퍼포머에게는 현상 유지가 아니라 가능성을 열어줘야 한다. 당신은 지금도 잘하고 있지만, 더 성장할 수 있는 여지가 있으며, 조직이 당신에게 기대하는 것은 단순한 안정적인 성과가 아니라 더 큰 기여라는 점을 강조해야 한다.

캘리브레이션 미팅은 단순한 평가 조정 회의가 아니다. 이 과정이 구성원들의 성장을 이끄는 출발점이 되어야 한다. 임팩트 플레이어와 턴어라운드 플레이어는 반드시 리더가 직접 만나야 하며, 미들 퍼포머는 하위 리더들이 원온원을 진행할 수 있도록 가이드를 제공해야 한다. 모든 대화는 결과(등급) 중심이 아니라, 성장과 미래, 공헌에 초점을 맞춰야 한다. 결국, 리더가 어떻게 피드백을 전달하느냐에 따라 조직의 성과가 결정된다. 좋은 성과관리 시스템은 좋은 피드백에서 시작되며, 좋은 피드백은 단순한 평가가 아니라, 성장의 기회를 제공하는 과정에서 나온다.

[핵심 메시지 정리]

캘리브레이션 미팅 후 리더가 해야 할 일

● ● ●

1. 원온원 미팅을 '등급 통보'가 아니라 '성장 대화'로 만들기 위한 원칙

성과 피드백 대화에서 가장 흔한 실수는 **결과(등급)에 초점을 맞추는 것**이다.

리더가 "당신은 이번에 B등급입니다"라고 말하는 순간, 대화의 흐름은 **구성원이 "왜 나는 A가 아니지?"라고 방어적으로 반응하는 방향으로 흘러간다.

따라서, 원온원 미팅을 '등급 통보의 자리'가 아니라 '미래를 논의하는 자리'로 만들어야 한다.

첫째, 피드백의 시작은 등급이 아니라 성장 포인트로 시작하라.

- "당신이 이번에 기여한 가장 큰 성과는 무엇이라고 생각해?"
- "이번 분기에 당신이 성장한 부분이 있다고 느끼는가?"

둘째, 성과와 성장의 연결점을 찾아라.

- "이번 성과를 바탕으로 앞으로 어떤 기회를 만들 수 있을까?"
- "이전 분기보다 개선된 부분이 있다면, 다음에는 어디까지 성장할 수 있을까?"

셋째, 대화를 구체적인 실행 계획으로 마무리하라.

- "다음 분기에는 어떤 목표를 설정할까?"
- "그 목표를 달성하기 위해 어떤 자원이 필요할까?"

2. 리더가 피드백을 효과적으로 전달하기 위해 반드시 지켜야 할 점

임팩트 플레이어에게 '축하'가 아니라 '더 큰 도전'을 제시해야 한다.

- "이번 평가에서 좋은 성과를 냈지만, 우리는 여기서 멈추지 않는다."
- "앞으로 더 큰 역할을 맡고 싶다면, 어떤 부분을 더 개발해야 할까?"

미들 퍼포머에게 '현상 유지'가 아니라 '가능성'을 열어줘야 한다.

- "지금도 잘하고 있지만, 더 성장할 수 있는 여지가 있다고 본다."
- "조직이 당신에게 기대하는 것은 단순한 안정적인 성과가 아니라, 더 큰 기여다."

턴어라운드 플레이어와의 대화에서 '개선'과 '구체적 지침'을 함께 전달해야 한다.

- "당신이 앞으로 성장할 수 있도록 조직에서 어떤 지원을 해줄 수 있는지 이야기해 보자."

- "하지만 동시에, 당신이 해야 하는 것에 대한 지침을 분명하게 말하겠다."

3. 임팩트 플레이어, 턴어라운드 플레이어 만나기

임팩트 플레이어에게는 기대와 기회를 전달해야 한다.

- "이번 평가에서 임팩트 플레이어로 선정된 것은 당신이 조직에 중요한 기여를 했다는 의미다."
- "더 큰 역할을 맡을 준비가 되어 있는지 이야기해 보자."
- "조직이 당신에게 기대하는 것이 무엇인지 구체적으로 공유하겠다."

임팩트 플레이어와의 대화는 단순히 "축하한다"에서 끝나면 안 된다. 그들이 조직에서 더 성장할 수 있도록 새로운 역할을 제안하고, 미래에 대한 기대를 공유해야 한다.

턴어라운드 플레이어에게는 개선 목표와 구체적인 지침을 전달해야 한다.

- "이번 평가에서 낮은 성과를 기록했지만, 앞으로 개선할 기회가 있다."
- "당신이 조직에서 더 나은 기여를 하기 위해서는 무엇

이 필요할지 함께 이야기해 보자."

- "이제부터 중요한 것은 '어떻게 변화할 것인가'이다."

턴어라운드 플레이어와의 대화는 문제점을 지적하는 것에서 끝나지 않고, 명확한 개선 목표와 실행 계획을 제시하는 과정이어야 한다. 중요한 것은, 턴어라운드 플레이어가 스스로 개선의 필요성을 느끼고 실행할 수 있도록 동기를 부여하는 것이다.

4. 미들 퍼포머 원온원 가이드하기

미들 퍼포머는 조직에서 가장 큰 비중을 차지하는 그룹이지만, 대부분의 경우 피드백을 충분히 받지 못하고 방치되는 경우가 많다.

이들을 효과적으로 관리하지 않으면, 조직 전체의 성장 속도가 둔화될 수 있다.

미들 퍼포머에게 피드백을 제공하는 하위 리더들의 역할이 중요하다.

- 미들 퍼포머는 리더가 직접 관리하는 것이 아니라, 하위 리더들이 원온원을 진행하는 것이 효과적이다.
- 하지만 하위 리더들이 단순히 평가 결과를 전달하는 것에 그치면 안 된다.

- 원온원 미팅의 목적은 "평가가 아니라 성장"이라는 점을 강조해야 한다.

하위 리더들이 미들 퍼포머에게 해야 할 원온원 대화 방식

1. 현재 성과에 대한 피드백을 전달한다.
   ○ "이번 평가에서 당신이 보인 강점은 무엇이고, 보완할 점은 무엇인지 이야기해 보자."
2. 미래의 기회를 탐색한다.
   ○ "앞으로 더 성장하기 위해 어떤 기회를 만들 수 있을까?"
3. 구체적인 목표를 설정한다.
   ○ "이번 분기에는 어떤 부분을 집중적으로 개선해 볼까?"

미들 퍼포머와의 대화는 그들의 성장이 조직에 어떤 영향을 미치는지 설명하고, 그들이 '무난한 인재'가 아니라 '핵심적인 기여자'가 될 수 있도록 유도하는 과정이어야 한다.

임팩트 플레이어와의 원온원 미팅 대화 예시

• • •

배경: 캘리브레이션 미팅 이후, 임팩트 플레이어로 선정된 구성원과 리더가 원온원 미팅을 진행하는 상황이다. 리더는 성과를 인정하고, 동기부여하며, 더 큰 역할을 맡을 수 있도록 기대와 기회를 전달하려 한다.

리더:

"먼저 축하합니다. 이번 평가에서 임팩트 플레이어로 선정된 것은 당신이 지난 한 해 동안 조직에 큰 기여를 했다는 의미입니다. 우리가 함께 이뤄낸 성과를 돌아보면, 당신의 역할이 특히 돋보였어요."

임팩트 플레이어:

"감사합니다. 좋은 성과를 내기 위해 노력했지만, 이렇게 인정받으니 더 힘이 나네요."

리더:

"그렇죠. 당신의 노력이 조직 전체에 긍정적인 영향을 미쳤어요. 특히, [구체적인 성과 언급]에서 보여준 리더십과 실행력이 이번 평가에서 높은 평가를 받은 이유입니다. 단순히 성과만이 아니라, **당신이 팀을 이끄는 방식과 협업 태도** 역시 주목할 만한 부분이었습니다."

임팩트 플레이어:
"그 부분을 인정받게 되어 기쁘네요. 하지만 아직 배워야 할 것도 많다고 느낍니다."

리더:
"그 자세가 바로 임팩트 플레이어의 자질이죠. 이미 좋은 성과를 냈지만, 여기서 멈추지 않고 더 성장할 수 있는 기회가 있습니다. 사실 이번 평가를 통해 당신에게 더 기대하는 부분도 있어요."

임팩트 플레이어:
"어떤 부분인가요?"

리더:
"당신이 지금까지 개인적인 성과를 중심으로 뛰어난 역량을 보여줬다면, 이제는 조직적으로 더 큰 역할을 맡을

준비를 해야 합니다.

올해는 단순히 '성과를 내는 사람'에서 '조직을 성장시키는 사람'으로 도약하는 한 해가 될 수 있을 거라고 기대합니다.

구체적으로 두 가지를 고민해 보면 좋겠어요.

첫째, 당신이 맡고 있는 역할에서 후배들이 성장할 수 있도록 **멘토링과 코칭의 역할을 더 강화하는 것**입니다.

둘째, **더 큰 프로젝트를 리드하면서 전략적인 의사결정 과정에도 참여하는 것**입니다. 단순히 실행력이 좋은 사람을 넘어, 팀과 조직을 움직이는 사람이 되는 것이죠."

임팩트 플레이어:

"더 큰 책임을 맡는다는 것이군요. 사실 저도 그런 역할을 해보고 싶다고 생각은 했지만, 구체적으로 어떻게 시작해야 할지는 고민이 있었습니다."

리더:

"그래서 우리가 오늘 이 대화를 하는 거죠. 당신이 더 성장할 수 있도록, 함께 방향을 정리해 보려고 합니다.

우선 **이전보다 더 큰 역할을 맡기 위해 가장 필요한 것은**

무엇이라고 생각하나요?"

임팩트 플레이어:

"음… 저는 지금까지 제 업무에 집중하느라 팀을 리드하는 역할을 깊이 고민해 본 적은 없어요. 그런데 말씀을 듣고 보니, 후배들에게 더 많은 피드백을 주고, 그들의 성장을 도울 수 있도록 해야 할 것 같습니다."

리더:

"좋아요. 당신이 쌓아온 경험을 팀원들에게 공유한다면, 팀 전체의 역량이 올라갈 겁니다. 그리고 한 가지 더.
리더가 되려면 '기준을 세우는 힘'이 필요합니다. 예를 들면, 팀원들이 어려움을 겪을 때 어떤 기준으로 판단해야 하는지, 전략적으로 어떤 방향이 맞는지를 결정하는 경험이 필요해요.
당신이 맡고 있는 영역에서, **내년에는 어떤 기준을 세우고, 어떤 방식으로 팀을 성장시키고 싶은가요?**"

임팩트 플레이어:

"기준을 세운다는 것… 생각해 보니 제 업무 방식이 맞는다고 해서 후배들에게 그대로 적용하기보다, 그들이 각자의 강점을 살릴 수 있도록 방향을 잡아줘야 할 것 같네요. 제가 먼저 고민해 보고, 몇 가지 아이디어를 정리해 보겠습니다."

리더:
"바로 그겁니다. 이런 고민을 하는 순간, 이미 당신은 더 큰 역할을 맡을 준비가 되어 있다는 뜻이죠.
우리가 올해 함께 해볼 목표를 정리해 보죠.
내년에는 **당신이 더 큰 역할을 맡을 수 있도록 다음 세 가지를 실천해 보면 좋겠습니다.**
1. **후배들에게 더 많은 피드백을 주면서 팀 전체의 성장에 기여할 것**
2. **더 큰 프로젝트를 리드하면서 전략적인 의사결정에 참여할 것**
3. **팀의 기준을 정립하고, 중요한 순간에 방향을 제시하는 경험을 쌓을 것**
이 목표를 위해 저는 당신이 어떤 지원이 필요할지 항상 열려 있을 겁니다. 그리고 중간중간 피드백을 주고받으면서 방향을 조정해 나가면 좋겠어요."

임팩트 플레이어:

"정말 기대됩니다. 제가 더 성장할 수 있는 방향을 구체적으로 생각해 볼 수 있을 것 같아요. 목표를 실행해 나가면서 궁금한 점이 생기면 적극적으로 피드백을 요청하겠습니다."

리더:

"좋아요. 내년에는 더 큰 기회를 만들고, 그 과정에서 당신도 한 단계 더 성장할 수 있기를 기대합니다. 앞으로도 적극적으로 도전해 주세요."

핵심 포인트 정리

1. **축하와 인정** → 임팩트 플레이어로 선정된 이유와 성과를 강조
2. **기대와 기회 제시** → 더 큰 역할(멘토링, 프로젝트 리딩, 전략적 사고)을 맡을 준비가 되었음을 인지시킴
3. **코칭을 통한 동기부여** → 리더십 역량 강화를 위해 본인이 먼저 고민하게 유도
4. **구체적인 목표 설정** → 3가지 실행 목표를 제시하며 성장의 방향을 정리

5. **지속적인 지원 약속** → 리더가 피드백을 제공하며 성
   장의 길을 함께할 것임을 강조

턴어라운드 플레이어와의 원온원 미팅 대화 예시

● ● ●

배경: 영업 지원 조직에서 근무하는 구성원이 3년 연속
성과가 좋지 않은 평가를 받았으며, 동료들의 피드백도
부정적이다. 그러나 본인은 "팀장과 동료들이 자신을 싫
어해서 그런 평가를 받았다"고 주장하며, 성과 문제를 인
정하지 않고 있다.

리더는 **단호하면서도 진심 어린 태도로 개선 방향을 제
시**하고, **구체적인 실천 계획과 피드백 미팅 일정을 정
리하여** 구성원이 변화를 위한 행동을 할 수 있도록 유도
한다.

1. 대화 시작: 신뢰와 존중을 바탕으로 평가에 대한 피드백
   전달

리더:

"오늘 이 대화를 요청한 이유는, 당신과 함께 앞으로 어

떻게 하면 더 좋은 방향으로 나아갈 수 있을지 논의하기 위해서입니다. 나는 우리 조직에서 **한 사람 한 사람이 건강하게 성장하길 바라고, 당신도 그 과정에서 더 좋은 방향으로 발전할 수 있길 원합니다.** 이번 평가 결과를 포함해 지난 몇 년 동안의 데이터를 다시 살펴보면서, 당신과 함께 현실을 솔직하게 이야기하는 것이 중요하다고 생각했습니다."

턴어라운드 플레이어:

"솔직히 말해서 저는 이번 평가 결과를 받아들이기가 어렵습니다. 제가 정말 열심히 했고, 고객도 많이 도와줬다고 생각하는데, 왜 이렇게 평가를 받았는지 이해가 안 갑니다. 주변 사람들이 저를 싫어해서 그런 거라고 생각해요."

2. 사실 기반의 피드백: 감정이 아니라 데이터를 중심으로 설명

리더:

"나는 당신이 나름대로 열심히 했다는 점을 존중합니다. 하지만 우리가 지금 이야기해야 할 것은 '얼마나 노력했는가'가 아니라, '그 노력이 어떤 결과를 만들었는가'입니다. 이번 평가 결과를 보면, 지난 3년 동안 **성과 지표가 개선되지 않았고,** 주변 동료들의 피드백도 유사한 패턴을 보이고 있습니다. 여기에서 가장 중요한 것은 '다른 사람들이 나를 어떻게 평가하는가'가 아니라, '내가 조직에 어떤 가치를 제공하고 있는가'입니다. 나는 단순히 평가를 전달하는 것이 아니라, **당신이 앞으로 어떻게 하면 더 나은 방향으로 갈 수 있을지 이야기하고 싶습니다."**

3. 방어적인 반응에 대한 리더의 대응: 책임 의식을 강조

턴어라운드 플레이어:
"그럼에도 불구하고 저는 팀장이 저를 편애하지 않아서 낮은 평가를 받았다고 생각합니다. 저는 팀장과 잘 맞지 않는 것 같고, 동료들도 저를 좋아하지 않는 것 같아요."

리더:
"나는 당신의 감정을 이해합니다. 하지만 한 가지 명확히 하고 싶은 것은, **평가는 개인적인 감정이 아니라, 조직 내에서의 역할과 성과를 기반으로 이루어진다는 것입니다.** 그렇다면, 내가 지금 당신에게 하나의 질문을 던지겠습니다. 만약 이 평가가 단순히 팀장과 동료들의 감정 때문이라고 한다면, 왜 지난 3년 동안의 성과가 꾸준히 낮

았을까요? 그리고 왜 여러 동료들이 비슷한 피드백을 주고 있을까요? 이제 중요한 것은 '왜 이런 평가를 받았는가'를 고민하는 것이 아니라, '이제부터 무엇을 할 것인가'를 고민하는 것입니다."

4. 변화의 필요성과 개선 계획 제시
리더:
"이제 나는 당신이 앞으로 스스로 변화할 수 있는 방향을 찾길 바랍니다.
나는 당신이 이번 평가를 성장의 계기로 삼았으면 합니다. 그래서 구체적인 목표를 세우고 일정 기간 동안 실행해 본 후, 다시 피드백을 받는 과정이 필요하다고 생각합니다."
"나는 당신에게 세 가지 실천 과제를 제안하려고 합니다. 앞으로 3개월 동안, 총 3번에 걸쳐 이 목표를 실행해 보고, 이후에 다시 만나서 논의하는 시간을 가지겠습니다."

✓ **첫째, 고객과의 커뮤니케이션 방식을 점검하세요**
- 향후 3개월 동안 고객과의 모든 주요 커뮤니케이션을 간략히 기록하고, 팀장과 공유하도록 하세요.

- 팀장과 주 1회 간단한 미팅을 통해 고객 응대 방식에 대한 피드백을 받으세요.

✓ 둘째, 팀원들과의 협업을 개선하세요

- 다른 팀원들에게 도움이 필요한 부분이 있는지 매주 한 번씩 직접 물어보고, 협업한 내용을 기록해 제출하세요.
- 팀 프로젝트에서 최소 두 번은 적극적으로 아이디어를 제시하고, 회의에서 발표하는 역할을 맡아보세요.

✓ 셋째, 스스로 평가 기준을 만들고 자기 피드백을 하세요

- 매월 본인이 맡은 업무에서 가장 중요한 3가지 지표를 설정하고, 한 달 후 개선이 이루어졌는지 직접 점검해보세요.
- 이 데이터를 바탕으로, 우리와의 다음 미팅에서 당신이 직접 스스로를 평가하는 시간을 가지겠습니다.

5. 기대와 책임을 강조하며 대화 마무리

리더:

"나는 당신이 바뀔 수 있다고 믿고 있습니다. 그리고 나는 단순히 평가를 전달하는 사람이 아니라, **당신이 성장할 수 있도록 돕고 싶은 사람입니다. 징벌적인 평가라고 생각하지 말고, 성장할 기회라고 생각해 주세요.** 3개월 뒤, 우리는 다시 만나서 이 세 가지 과제가 어떻게 진행되었는지 이야기할 것입니다. 그때까지 **나는 당신이 변화하는 모습을 기대하며 지켜볼 것이고, 필요하면 언제든 피드백을 줄 수 있습니다.**

우리 조직은 모든 사람이 잘 되기를 바랍니다. 나도, 당신의 팀장도, 팀원들도 모두 그렇게 생각하고 있습니다. 지금의 상황이 쉽지 않을 수도 있지만, 이 기회를 잘 활용하면 **당신도, 조직도 함께 더 나아갈 수 있을 것입니다.**"

턴어라운드 플레이어:

"…알겠습니다. 솔직히 지금도 받아들이기 쉽지는 않지만, 제가 해야 할 일들이 무엇인지 명확해진 것 같습니다. 한번 시도해 보고, 3개월 후에 다시 이야기 나누겠습니다."

핵심 포인트 정리

1. 대화 초반에 진심을 전달하며 시작한다.
- "나는 당신이 잘 되기를 진심으로 원한다."
- "이 대화는 평가가 아니라, 당신의 성장을 돕기 위한 것이다."

2. 감정이 아니라 데이터를 중심으로 피드백을 전달한다.
- "성과 데이터와 동료들의 피드백이 지난 3년간 비슷한 패턴을 보이고 있다."
- "이제 중요한 것은 '왜'가 아니라, '어떻게 변화할 것인가'이다."

3. 방어적인 반응에 휘둘리지 말고, 변화의 필요성을 강조한다.
- "평가는 감정이 아니라 조직 내 기여도와 역할을 기반으로 이루어진다."
- "중요한 것은 지금부터 무엇을 할 것인가이다."

4. 구체적인 개선 목표를 설정하고, 시점과 횟수를 정한다.

- "2개월 동안, 총 10번 이런 행동을 해 보고 다시 이야기 나누자."
- "고객 응대 방식 개선, 팀원과의 협업 증진, 자기 피드백 훈련을 해보자."

5. 끝까지 긍정적인 기대를 심어주며 마무리한다.
- "나는 당신이 변할 수 있다고 믿는다."
- "이것은 처벌이 아니라 성장의 기회다."

이러한 대화 방식은 턴어라운드 플레이어가 **방어적인 태도를 버리고, 본인의 개선 방향을 명확히 이해하며, 실행할 수 있도록 유도하는 효과적인 방법**이 될 것이다.

예하 리더들이 후속 활동을 실행하도록 지원한다

하위 리더들이 후속 조치를 제대로 수행하고 있는지 확인하는 과정은 **단순한 감시가 아니라, 그들이 효과적으로 실행할 수 있도록 지원하는 과정**이어야 한다.

첫 번째로, **사전에 명확한 후속 조치 계획이 있어야 한다.** 캘리브레이션 미팅이 끝난 후, 하위 리더들은 **각 구성원과의 원온원 미팅 일정과 주요 전달 메시지를 정리해야 한다.** 리더는 이를 사전에 확인하고, 후속 미팅에서 다뤄야 할 핵심 내용을 점검해야 한다. 단순히 "잘 진행되고 있습니까?"라고 묻는 것이 아니라, "현재 원온원 미팅 일정이 어떻게 잡혀 있는가?" "각 구성원에게 전달할 핵심 메시지는 무엇인가?" 등 구체적인 질문을 던져야 한다.

두 번째로, **후속 미팅이 형식적인 절차가 아니라, 실질적인 성장의 기회가 되도록 도와야 한다.** 하위 리더가 구성원과의 원온원 미팅을 진행할 때, 중요한 것은 단순한 평가 결과 전달이 아니라 "이후의 성장 방향을 함께 정리하는 것"이다. 리더는 후속 미팅이 제대로 이루어졌는지 확인하기 위해 하위 리더들에게 **구성원들과의 대화 내용과 피드백 내용을 간략하게 공유하도록 요청할 수 있다.** 그러나 이 과정이 과도한 보고 업무로 느껴지지 않도록, **핵심 내용을 짧고 명확하게 정리하는 방식을 활용해야 한다.**

세 번째로, **하위 리더가 후속 조치를 실행하는 과정에서 어려움을 겪고 있다면 즉각적인 지원을 제공해야 한다.** 일부 하위 리더들은 **턴어라운드 플레이어와의 대화에서 갈등을 겪거나, 미들 퍼포머의 동기 부여를 이끌어내는 데 어려움을 느낄 수 있**

다. 리더는 이러한 상황이 발생했을 때, 단순히 결과를 기다리는 것이 아니라, 필요할 경우 **하위 리더와 함께 고민하고 해결책을 모색하는 조력자의 역할**을 해야 한다.

예를 들어, 한 팀장이 턴어라운드 플레이어와의 면담 후 "이 사람이 변할 의지가 없어 보입니다"라고 보고했다면, 리더는 단순히 결과를 수용하는 것이 아니라 "**구성원이 스스로 변화의 필요성을 느끼도록 어떤 방식으로 대화를 이끌었는가?**" "**다른 접근 방법을 시도해볼 수 있는가?**" 등을 함께 논의해야 한다.

네 번째로, **후속 조치를 단기간 내에 완료할 수 있도록 지속적인 피드백 루프를 만들어야 한다.** 후속 활동은 **캘리브레이션 미팅 후 15일 이내에 완료되어야 하며, 이를 위해 리더는 7일째 되는 시점에 중간 점검을 진행하는 것이 효과적이다.** 이때, 모든 하위 리더들을 한자리에 모을 필요는 없고, **비공식적인 개별 체크인을 통해 진행 상황을 파악하는 것이 더 실용적일 수 있다.**

"**지금까지 후속 조치가 어떻게 진행되고 있는가?**"

"**어려움을 겪고 있는 부분이 있다면 무엇인가?**"

"**추가적인 지원이 필요한가?**"

이러한 질문을 통해 하위 리더들이 **진행 상황을 점검하고, 필요한 경우 방향을 조정할 수 있도록 돕는 것이 중요하다.**

마지막으로, **후속 조치가 끝난 후 반드시 결과를 정리하고 공**

유하는 시간을 가져야 한다. 평가와 피드백은 단순한 한 번의 과정이 아니라, 지속적으로 개선하고 보완해 나가야 하는 과정이다. 리더는 15일 이내에 모든 후속 활동이 마무리된 후, 하위 리더들에게 최종 피드백을 요청하고, 이 과정에서 얻은 인사이트를 정리하는 시간을 가져야 한다.

캘리브레이션 미팅 이후의 후속 활동이 제대로 이루어지지 않는다면, 평가 과정은 단순한 형식적인 절차로 전락하게 된다. 그러나 리더가 하위 리더들의 후속 조치를 현명하게 체크하고 지원하는 과정을 철저히 관리하면, 조직 전체가 지속적으로 성장하는 기회를 가질 수 있다.

리더의 역할은 감독자가 아니라, 성과가 제대로 정착될 수 있도록 돕는 촉진자가 되어야 한다. 후속 조치를 단순한 점검이 아니라, 리더가 하위 리더들을 성장시키고, 조직 전체의 성과를 높이는 과정으로 바라볼 때, 캘리브레이션의 효과는 극대화될 수 있다.

돌아보고 다음을 설정한다

어떤 조직이든, 개인이든 목표를 달성한 후에는 **일종의 정체기를 경험**하게 된다. 이를 '고원현상Plateau Effect'이라고 부른다. **어떤 사람이 일정 수준까지 성장하거나 성과를 내다가 더 이상 발전이 없는 상태**를 의미한다. 초기에는 성과가 빠르게 증가하지만, 어느 순간부터 성장이 정체되는 경험을 하게 된다. 운동선수들이 훈련 초기에는 실력이 급격히 향상되다가 일정 시점 이후로 더 이상 기록이 좋아지지 않는 경우가 대표적이다. 조직에서도 마찬가지다.

목표를 달성한 후 찾아오는 또 다른 감정은 '공허함Post-Goal Emptiness'이다. 목표를 이루기 위해 몰입했던 사람들은 목표를 달성한 순간 강한 만족감을 느끼지만, 이후 "그럼 이제 무엇을 해야 하지?"라는 감정을 느끼게 된다. 이는 조직에서도 유사하게 나타난다. 연간 목표를 초과 달성한 팀이, 다음 해 목표를 설정하는 과정에서 "우리가 또 해낼 수 있을까?"라는 부담감과 동시에 동기 저하를 겪는 현상이 발생하는 것이다.

'성과 정체Success Trap'라는 개념도 있다. 과거의 성공 방식에 너무 익숙해진 나머지, 새로운 전략을 시도하지 않으려는 태도를 의미한다. 과거에 효과적이었던 방법이 계속 효과적일 것이라는 착각은, 장기적으로 조직을 정체 상태에 빠지게 만든다.

이처럼 **목표를 달성한 이후에는 반드시 새로운 도약을 위한 방향을 고민해야 한다.**

이제, 우리는 다음 목표를 설정하는 과정을 어떻게 체계적으로 설계할 것인가에 대해 이야기해야 한다.

캘리브레이션 미팅이 끝난 후, 리더는 단순히 현재의 성과를 평가하는 것을 넘어 **다음 성과 목표를 어떻게 설정할 것인지 고민해야 한다.** 성과관리란 단순히 "지난 한 해 동안 어떤 성과를 냈는가?"를 평가하는 것이 아니라, "앞으로 우리는 어디로 가야 하는가?"를 결정하는 과정이기도 하다. 리더가 이 과정을 주도하지 않으면 조직은 방향성을 잃고, 구성원들은 단기적인 업무에만 집중하게 된다. **성과 목표 설정은 단순한 숫자 목표를 정하는 것이 아니라, 조직이 나아가야 할 방향과 전략을 정리하는 과정이어야 한다.** 이를 위해 다음과 같은 구조화된 접근 방식을 활용할 수 있다.

1. 장기적인 방향을 고민하기(3~5년 목표 설정)

한 해의 목표를 설정하기 전에, **조직이 향후 3~5년 동안 어디로 가야 하는지를 먼저 고민하는 것이 중요하다.** 단기적인 목표만 설정할 경우, 큰 그림 없이 매년 비슷한 목표를 반복하게 되고, 조직이 점진적으로 성장할 기회를 놓칠 수 있다.

이를 위해 리더는 먼저 다음 질문을 스스로 던져야 한다.

- 우리가 궁극적으로 이루고자 하는 비전은 무엇인가?
- 3~5년 후, 우리 조직이 달성해야 할 가장 중요한 성과는 무엇인가?
- 지금의 사업 전략과 조직 구조가 앞으로의 목표를 달성하는 데 적합한가?
- 현재의 조직 문화와 운영 방식이 장기 목표에 부합하는가?

이러한 질문에 대한 답을 정리한 후, **현재 위치와 목표 사이의 간극을 분석하는 것이 중요하다.**

즉, "우리는 어디에 있고, 어디로 가야 하며, 그 간극을 어떻게 메울 것인가?"를 고민하는 것이다.

리더는 이 과정을 **상위 리더들과 논의하는 자리**를 만들어 함께 의견을 조율해야 한다.

이 논의가 정리되면, 다음 단계에서 이를 기반으로 **1년 단위의 목표를 구체화하는 과정**으로 넘어간다.

2. 한 해를 돌아보고 성과 분석하기(1년 회고 과정)

장기적인 방향을 고민한 후에는, **지난 1년 동안의 성과를 돌아보고 배운 점을 정리해야 한다.**

성과 목표를 설정하는 과정에서 가장 중요한 것은, **현재 상황을 정확히 이해하는 것**이다.

이를 위해 리더는 다음과 같은 프로세스를 거쳐야 한다.

1. 핵심 성과 분석:

- "지난 1년 동안 가장 성공적인 성과는 무엇이었는가?"

- "어떤 목표를 달성했고, 어떤 목표는 달성하지 못했는가?"

- "성과를 낸 요소와 실패한 요소는 각각 무엇인가?"

2. 조직 내부 피드백 수집:

- 팀장들과의 원온원 미팅을 통해 각 팀의 성과와 개선점을 논의한다.

- 주요 프로젝트 리더들과의 피드백을 통해 성공 사례와 실패 사례를 분석한다.

- 구성원들에게 설문조사를 진행해 조직의 강점과 보완해야 할 부분을 파악한다.

3. 외부 환경 분석:

- 시장 변화와 경쟁사의 움직임을 검토한다.
- 업계 트렌드를 분석하여 조직의 전략적 대응 방향을 고민한다.
- 고객 피드백을 수집하고, 조직의 서비스나 제품이 시장에서 어떤 평가를 받고 있는지 분석한다.

이러한 과정을 거치면, **조직이 향후 1년 동안 어디에 집중해야 하는지에 대한 방향성이 보다 명확해진다.**

3. 내년도 1년 목표 설정(예하 리더들과의 목표 정렬 회의)

장기적인 방향과 한 해의 성과를 돌아본 후에는, **리더들이 함께 모여 다음 1년 동안의 목표를 설정하는 과정**을 진행해야 한다. 이 과정은 단순한 목표 수치 설정이 아니라, **전략적 초점을 맞추는 회의**가 되어야 한다.

이를 위해 다음과 같은 단계를 따른다.

1. 핵심 초점 선정

- 조직이 내년에 가장 집중해야 할 3가지 핵심 목표를 정한다.

- 목표를 재무, 운영, 조직 문화 등 주요 영역별로 정리하여 팀 간 정렬을 유도한다.

2. 팀별 목표 연계
- 각 팀이 조직의 목표를 어떻게 반영할 것인지 논의한다.
- 팀별 주요 과제를 설정하고, 목표 달성을 위한 전략을 논의한다.

3. 리스크 식별 및 해결 방안 논의
- 목표 달성을 방해할 수 있는 요소들을 사전에 파악하고 해결책을 모색한다.

이 회의의 결과물은 조직의 내년 전략을 구체화하는 지침이 되고, 이후 모든 구성원에게 공유될 준비가 되어야 한다.

4. 타운홀 미팅을 통해 구성원들과 목표 공유 및 의견 수렴

성과 목표는 단순히 상위 리더들만 논의하는 것이 아니라, 구성원들에게도 명확히 공유되어야 한다. 이를 위해 타운홀 미팅을 열어 조직의 목표를 설명하고, 구성원들의 의견을 수렴하는 과정이 필요하다.

1. 목표를 설정한 이유와 방향성 설명

- "우리는 왜 이 목표를 설정했는가?"
- "이 목표가 우리 조직과 개인에게 어떤 의미를 가지는가?"

2. 구성원들의 질문과 피드백 수렴

- 구성원들이 목표에 대해 공감할 수 있도록, 충분한 설명과 질의응답을 진행한다.
- "이 목표를 달성하는 데 있어 가장 큰 도전 과제는 무엇인가?" 등의 질문을 던지며 적극적인 논의를 유도한다.

3. 목표를 달성하기 위한 공동의 책임 강조

- 목표는 개별 구성원이 아닌 조직 전체가 함께 이루어나가는 과정임을 강조한다.

5. 최종 목표 확정 및 상위 리더들과 협의

타운홀 미팅을 통해 구성원들의 의견을 반영한 후, 리더는 최종 목표를 상위 리더들과 협의하는 과정을 거쳐야 한다. 이는 조직의 목표가 상위 리더십의 기대와 일치하는지 확인하는 중요한 단계이다. 이 과정에서, 리더는 **명확한 문서화된 목표를 가지고 상위 리더와 논의**해야 한다.

- 목표의 정량적/정성적 요소를 구체적으로 제시한다.
- 조직이 집중해야 할 핵심 초점을 상위 리더들과 정렬한다.
- 목표 달성을 위한 주요 전략을 설명하고, 필요한 자원 및 지원 사항을 논의한다.

6. 최종 목표 공유 및 팀별 정렬 과정

최종 목표가 확정되면, 이를 다시 각 팀장들에게 전달하고, **팀별 목표를 정렬하는 과정**을 진행해야 한다.

1. 팀장 회의를 통해 조직 목표 공유 및 정렬
- "이 목표를 각 팀에서 어떻게 실행할 것인가?"
- "각 팀이 설정해야 할 KPI와 핵심 과제는 무엇인가?"

2. 팀 단위 목표 설정 및 구성원과의 원온원 미팅 진행
- 팀장들이 각 팀원의 역할과 기대치를 조율하는 과정이 필요하다.

- 구성원들이 팀의 목표와 본인의 목표를 연결할 수 있도록 원온원 미팅을 진행해야 한다.

목표 설정은 정렬과 실행의 과정이다. 캘리브레이션 미팅이 끝난 후, 성과 목표를 설정하는 과정은 단순히 숫자를 정하는 것이 아니라, 조직 전체가 같은 방향을 바라보고 움직일 수 있도록 정렬하는 과정이다.

리더는 장기적인 비전을 고민하고, 1년 동안의 성과를 회고하며, 예하 리더 및 구성원들과 목표를 공유하고 조율하는 과정을 통해 강력한 실행력을 가진 목표를 설정해야 한다.

이러한 과정이 체계적으로 이루어질 때, 조직은 지속적으로 성장하며, 구성원들은 자신의 역할과 목표에 대한 명확한 방향성을 가지게 된다.

파트

3

루틴을 만들어야
문화가 된다

10장

캘리브레이션을
조직의 습관으로 만든다

1회성 이벤트가 아니라
정기적인 프로세스로 정착시킨다

'학습 곡선Learning Curve'이란, 사람이나 조직이 새로운 프로세스를 반복할수록 점점 더 효율적으로 수행할 수 있다는 이론이다. 1936년 미국의 심리학자 헤르만 에빙하우스Hermann Ebbinghaus가 처음 제안했으며, 이후 경영학과 생산관리 분야에서도 널리 활용되었다. 이 이론에 따르면, 처음에는 새로운 작업을 수행하는 데 많은 시간이 걸리지만, **반복할수록 학습이 이**

루어지면서 실행 속도와 정확도가 증가하게 된다.

이를 조직의 성과관리에 적용해보자. 캘리브레이션을 1회성 이벤트로만 진행한다면, 조직은 매년 처음부터 다시 학습해야 하는 비효율적인 과정에 놓이게 된다. 반면, 정기적인 프로세스로 운영하면 점차 조직 전체가 성과평가 및 피드백 과정에 익숙해지고, 이를 효과적으로 활용할 수 있게 된다. 그렇다면, 캘리브레이션을 정기적인 프로세스로 정착시키기 위해서는 어떻게 해야 할까?

1. 캘리브레이션을 연간 일정에 포함시키고, 주기적으로 실행하라

조직이 중요한 프로세스를 정착시키려면, **일정과 리듬을 만드는 것이 필수적**이다.

캘리브레이션을 정기적인 프로세스로 운영하려면, **연간 성과관리 사이클**에 이를 포함시켜야 한다.

예를 들어, 연간 일정은 다음과 같이 설정할 수 있다.

- **1월:** 연간 목표 설정 및 정렬
- **3월:** 1분기 성과 리뷰 및 초기 피드백 제공
- **6월:** 캘리브레이션 미팅을 통한 중간 성과평가

- **9월:** 3분기 성과 점검 및 개선 방향 논의
- **12월:** 연말 캘리브레이션 및 최종 평가

이렇게 하면 **성과관리가 한 번의 연례 이벤트가 아니라, 조직의 자연스러운 운영 방식으로 자리 잡게 된다.**

구성원들도 "캘리브레이션이 특별한 일이 아니라, 조직이 지속적으로 실행하는 과정"이라는 인식을 가지게 된다.

2. 캘리브레이션을 팀 단위에서 실행하고, 조직 전체와 연계하라

캘리브레이션은 **조직 전체에서 이루어져야 하지만, 팀 단위에서도 별도로 정기적으로 실행하는 것이 중요**하다.

팀별로 성과 정렬이 되지 않은 상태에서 전체 조직 단위의 캘리브레이션을 진행하면, 회의가 비효율적으로 흐를 가능성이 크다.

이를 위해, **팀 단위 캘리브레이션 미팅을 분기별로 진행하고, 조직 전체 캘리브레이션 미팅과 연계하는 방식**을 도입할 수 있다.

- **팀 캘리브레이션** Quarterly Calibration Meetings
  - 팀 내에서 개별 성과를 논의하고, 주요 성과자 및 개선이

필요한 구성원을 정리하는 과정

- ○ 팀장과 팀원 간 원온원 피드백 세션 진행
- ○ 조직 전체 캘리브레이션 미팅에 앞서 주요 데이터를 정리하고 공유
- **조직 전체 캘리브레이션**Annual Calibration Meetings
- ○ 팀 단위 캘리브레이션 데이터를 기반으로 전체 조직의 성과를 종합적으로 논의
- ○ 조직의 목표와 성과를 정렬하고, 리더십 차원에서 조정이 필요한 사항을 결정

이렇게 하면, **캘리브레이션이 연간 한 번 이루어지는 평가 회의가 아니라, 지속적인 성과관리 프로세스로 정착할 수 있다.**

3. 캘리브레이션을 평가가 아닌 성장의 기회로 인식하게 하라

조직 내에서 '캘리브레이션=평가'라는 인식이 자리 잡으면, 리더와 구성원 모두 이 과정을 부담스럽게 느끼게 된다. 따라서, 캘리브레이션이 단순한 평가 조정 회의가 아니라, "조직과 개인이 성장할 수 있는 과정"이라는 메시지를 강하게 전달해야 한다.

이를 위해, 리더는 캘리브레이션이 진행될 때마다 다음과 같은 질문을 던지는 것이 중요하다.

- "이번 캘리브레이션을 통해 우리가 조직적으로 더 성장할 수 있는 방향은 무엇인가?"
- "각 구성원이 더 나은 성과를 내기 위해 필요한 지원은 무엇인가?"
- "팀 전체의 목표를 어떻게 더 효과적으로 설정할 수 있을까?"

이러한 질문을 지속적으로 던지고, **캘리브레이션의 핵심 목적이 '평가'가 아니라 '성장'이라는 점을 강조**하면, 조직 내에서 자연스럽게 이 문화가 자리 잡게 된다.

4. 캘리브레이션의 핵심 원칙을 문서화하고, 구성원들에게 지속적으로 공유하라

어떤 프로세스든 정착하려면, 그 원칙이 명확하게 정리되어 있어야 한다.

캘리브레이션이 조직의 문화로 자리 잡으려면, **리더십이 이를 어떻게 운영할 것인지에 대한 가이드라인을 만들어야 한다.**

예를 들어, 다음과 같은 원칙을 문서화할 수 있다.

- 캘리브레이션은 연례 평가가 아니라, 지속적인 성과 개선 과정이다.
- 캘리브레이션 미팅에서는 감정이 아니라 데이터 기반의 논의를 한다.
- 캘리브레이션의 최종 목표는 '성과 등급 조정'이 아니라 '구성원의 성장 방향을 정하는 것'이다.
- 모든 리더들은 캘리브레이션 후 반드시 구성원들과 원온 원을 진행해야 한다.

이러한 가이드라인을 매년 초 조직 내 모든 리더들에게 공유 하고, 캘리브레이션이 조직의 공식적인 프로세스임을 명확히 해야 한다.

캘리브레이션은 정기적인 루틴으로 자리 잡아야 한다. 캘리 브레이션이 일회성 이벤트가 되면, 조직의 성과관리 시스템은 매년 제로베이스에서 다시 시작하는 부담을 가지게 된다. 그러 나, 이를 정기적인 프로세스로 운영하면 조직 전체가 지속적인 학습을 하며 점진적으로 성과관리 역량을 향상시킬 수 있다. 이 를 위해, **연간 일정에 캘리브레이션을 포함하고, 팀 단위 및 조 직 단위의 논의를 정기적으로 진행하며, 평가가 아닌 성장의 기 회로 인식하는 문화**를 만들어야 한다. 캘리브레이션의 원칙을 문서화하고, 이를 지속적으로 공유하는 과정을 통해 조직 내에서 자연스럽게 정착될 수 있도록 해야 한다.

이러한 접근 방식을 통해, 캘리브레이션은 단순한 평가 절차가 아니라, 조직의 성장과 지속적인 발전을 이끄는 강력한 문화적 도구로 자리 잡게 될 것이다.

업무 흐름에 녹인다

일찍이 아리스토텔레스는 일상화의 중요성을 우리에게 알려주었다. 그는 "우리는 우리가 반복적으로 하는 것들로 이루어진다. 그러므로 탁월함은 행동이 아니라 습관이다" 말했다.

많은 조직이 성과관리를 할 때 가장 큰 어려움을 겪는 이유는 평가나 피드백이 업무와 별개로 작동하기 때문이다. 캘리브레이션이 단순히 연례 행사나 특정 시기에만 진행되는 활동이라면, 조직의 성과관리 시스템은 지속성을 가지기 어렵다. 구성원들은 "또 평가 시즌이구나"라고 느낄 것이고, 평가를 준비하는 과정이 추가적인 업무 부담으로 다가올 가능성이 크다.

반면, **캘리브레이션이 업무 흐름 속에 자연스럽게 녹아들어야 한다.** 성과 논의가 특정한 순간에만 이루어지는 것이 아니라,

업무를 수행하는 과정에서 지속적으로 이루어질 때 조직의 성과 문화는 강력해진다. 이를 위해 리더는 조직의 핵심 프로세스에 캘리브레이션을 전략적으로 녹여야 한다.

1. 피드백을 지속적인 과정으로 만들기 – 코칭 문화 정착

캘리브레이션이 업무의 흐름 속에 자연스럽게 스며들기 위해서는, '평가'가 아니라 '코칭'이라는 개념이 조직에 자리 잡아야 한다. 심리학에서는 '즉각적 피드백 효과Immediate Feedback Effect'라는 개념이 있다. 이는 피드백이 제공되는 시점과 행동 사이의 시간이 짧을수록 학습 효과가 높아진다는 이론이다. 즉, 성과 피드백은 6개월이나 1년이 지난 후 한 번에 제공하는 것이 아니라, 업무를 수행하는 순간순간마다 이루어져야 한다.

이를 위해 리더는 다음과 같은 방식을 도입할 수 있다.

- 공식적인 평가 외에도 비공식적인 피드백 루틴을 만들기
- '잘한 점과 개선할 점'을 실시간으로 공유하는 문화 조성
- 월간 혹은 분기별로 팀 단위 피드백 세션을 운영하여 성과를 점검하고 조정하는 과정 추가

예를 들어, 팀장이 분기별 목표 회의를 진행할 때 단순히 "어떤 목표를 달성했는가?"를 묻는 것이 아니라, "성과를 더 높이

기 위해 무엇을 조정해야 하는가?"라는 질문을 던진다면, 캘리
브레이션은 자연스럽게 업무 흐름 속에서 이루어지게 된다.

2. 데이터 기반의 성과관리시스템 구축 – 직관이 아니라 근거를 남기는 문화

많은 조직에서 성과평가는 주관적인 판단에 의존하는 경우가
많다. 하지만 캘리브레이션이 업무 흐름 속에서 이루어지려면,
**구성원들이 자신들의 성과를 정량적, 정성적으로 기록하고 공
유하는 습관이 정착되어야 한다.**

경영학에서는 "측정 가능한 것은 관리할 수 있다What gets
measured gets managed"는 유명한 원칙이 있다. 이는 성과관리에서
도 마찬가지다. 리더가 지속적으로 성과 데이터를 축적하고 활
용해야 캘리브레이션이 업무와 연결될 수 있다.

이를 위해 조직에서는 다음과 같은 방식을 적용할 수 있다.

- 업무 시스템 내에 **주요 성과 지표(KPI)를 기록하는 기능**
  추가
- 구성원들이 자신이 수행한 업무를 **간략한 주간 리포트로
  정리하는 습관 정착**
- 데이터 기반 피드백이 가능하도록 **성과관리 도구를 활용**

하여 객관적인 논의 자료 제공

예를 들어, 프로젝트 단위로 운영되는 조직에서는 팀별 성과 지표를 관리하는 간단한 대시보드를 운영하고, 분기별로 이를 점검하는 시스템을 구축할 수 있다. 이렇게 하면 구성원들은 연말 평가 때가 아니라 업무를 수행하는 과정에서 성과를 관리할 수 있게 된다.

3. 목표 설정과 조정이 지속적으로 이루어지도록 설계하기

조직이 목표를 설정하고 이를 실행하는 과정은 정적인 것이 아니라, **유동적으로 조정될 수 있는 시스템이 되어야 한다.**

실리콘밸리 기업들은 성과관리 방법으로 OKR^{Objectives and Key Results}을 활용하는 경우가 많다. OKR의 핵심 원칙 중 하나는, 목표를 연초에 한 번 설정하고 끝내는 것이 아니라 **주기적으로 조정하는 것**이다. 이를 통해 조직은 빠르게 변화하는 시장 환경 속에서도 지속적으로 목표를 정렬할 수 있다.

이 원칙을 적용하면 캘리브레이션도 연말 연초에 한 번만 하는 것이 아니라, **팀 단위로 목표를 지속적으로 조정하는 과정으로 운영할 수 있다.**

- 분기별 목표 점검 회의 진행Quarterly Review Sessions
- 팀 단위에서 "현재 목표가 유효한가?"를 지속적으로 검토하는 프로세스 도입
- 개인별 목표도 조직의 변화에 따라 조정할 수 있도록 유연한 피드백 시스템 마련

이렇게 하면 캘리브레이션이 "연간 평가 시즌에만 논의하는 절차"가 아니라, 조직이 지속적으로 운영하는 과정이 될 수 있다.

4. 리더들이 성과 논의를 자연스럽게 할 수 있도록 지원하기

많은 리더들은 성과 피드백을 주는 것을 어려워한다. 성과에 대한 대화가 평가나 부정적인 피드백으로만 인식되면, 구성원들도 이 과정을 부담스럽게 느끼게 된다.

이를 해결하기 위해 조직에서는 리더들에게 성과 대화를 자연스럽게 할 수 있는 환경을 조성해야 한다.

- 리더 대상 성과 피드백 교육 진행(어떻게 동기부여 중심으로 피드백을 할 것인가)
- 팀 회의에서 성과 논의를 자연스럽게 포함하는 프레임워

크 도입

- 성과 리뷰가 '잘한 점 – 개선할 점 – 다음 목표' 형태로 정리되도록 가이드 제공

예를 들어, 회의에서 성과 논의를 할 때 "지난 분기 동안 가장 의미 있었던 성과는 무엇인가?" "다음 분기에는 어디에 집중해야 하는가?" 같은 질문을 던지는 방식으로 접근하면, 성과관리는 자연스럽게 이루어진다.

결론: 캘리브레이션을 조직의 업무 속에서 자연스럽게 정착시키기

캘리브레이션이 업무 흐름 속에서 자연스럽게 이루어지려면, 리더가 피드백을 지속적으로 제공하는 문화, 데이터 기반의 성과관리 시스템, 유연한 목표 조정, 성과 대화에 대한 부담 없는 환경이 필요하다.

이를 위해 조직은 평가를 연간 이벤트로 운영하는 것이 아니라, 일상적인 대화 속에서 성과관리를 할 수 있도록 설계해야 한다.

결국, 캘리브레이션은 특정 시점에 실행하는 절차가 아니라, 조직의 성과관리 방식 그 자체가 되어야 한다. 이를 실현하는 조직만이 지속적인 성장을 이루고, 성과 중심의 건강한 문화를 구

축할 수 있다.

기록하여 기억하는 문화를 만든다

로버트 카플란Robert S. Kaplan은 하버드 비즈니스 스쿨의 교수이자, **균형 성과표**Balanced Scorecard, BSC 개념을 창안한 경영학자다. 그는 기업의 성과를 단순한 재무 지표가 아니라, **전략적 목표와 연계된 다각적인 측정이 필요하다**고 주장했다. 그는 "무엇이든 측정되지 않으면 관리될 수 없고, 관리되지 않으면 개선될 수 없다"고 말하며 기록된 정보의 중요성을 강조한다.

성과관리는 단순한 평가의 문제가 아니다. 조직이 지속적으로 성장하려면, **성과를 명확하게 기록하고 관리하는 문화가 정착되어야 한다.**

하지만 대부분의 조직에서 성과관리가 어려운 이유는 기록이 부족하기 때문이다.

캘리브레이션 미팅에서 공정하고 효과적인 성과평가를 하려면, 리더와 구성원들이 **평소 업무의 과정과 결과를 체계적으로 기록하는 습관**을 가져야 한다.

하지만 기록이 추가적인 업무로 인식되면 구성원들은 기록을 부담스럽게 느낄 수 있다.

따라서 기록이 업무 흐름 속에서 자연스럽게 이루어질 수 있도록 문화를 설계하는 것이 중요하다.

기록이 중요한 이유 – '피그말리온 효과Pygmalion Effect'

피그말리온 효과란, 사람이 긍정적인 기대를 받으면 더 높은 성과를 내게 된다는 심리학적 개념이다.

이 개념은 성과관리에서도 유효하다. **리더가 구성원의 기록을 통해 성과를 인정하고 피드백을 제공하면, 구성원들은 자신의 성장 가능성을 더 크게 인식하고 동기부여를 받는다.**

하지만 기록이 없으면 구성원의 성과를 제대로 인식하거나 인정해주기가 어렵다.

예를 들어, **1년 전 프로젝트에서 뛰어난 성과를 냈던 구성원이 있었다 해도, 기록이 없다면 리더는 그 순간을 기억하지 못할 가능성이 크다.**

이렇게 되면 **구성원의 노력은 잊혀지고, 조직은 중요한 성장 기회를 놓치게 된다.**

성과 기록은 단순한 데이터 수집이 아니라, **구성원의 성장과 기여를 인정하는 과정**이 되어야 한다.

1. 기록을 일상화해야 하는 이유 – 평가가 아니라 성장의 도구로 활용해야 한다

기록을 습관화하면, **리더와 구성원 모두에게 다음과 같은 이점이 있다.**

- **리더:** 구성원의 성과를 객관적으로 평가하고, 성과 개선을 위한 피드백을 제공할 수 있다.
- **구성원:** 자신의 성장을 직접 추적할 수 있고, 평가 시즌에 억울함 없이 공정한 피드백을 받을 수 있다.

하지만 **단순히 성과를 기록하는 것이 아니라, "어떤 방식으로 기록할 것인가"가 더 중요하다.**

기록이 업무 흐름 속에서 자연스럽게 이루어지지 않으면, 이는 또 다른 행정 업무로 전락할 가능성이 크다.

따라서 **조직 전체가 기록을 평가의 도구가 아니라 성장의 도구로 인식하도록 유도해야 한다.**

2. 기록을 문화로 만들기 위한 방법

(1) 기록을 위한 명확한 프레임워크 제공

리더와 구성원들이 기록해야 하는 내용이 모호하면, 기록이 일관성을 가지기 어렵다.

따라서 조직에서는 "어떤 내용을 어떻게 기록해야 하는가"에 대한 명확한 기준을 마련해야 한다.

예를 들어, 다음과 같은 기본 원칙을 적용할 수 있다.

- **업무 목표:** 이번 달(혹은 분기) 동안 집중할 주요 목표는 무엇인가?
- **성과 지표:** 성과를 어떻게 측정할 것인가?(정량적, 정성적 데이터 포함)
- **진행 상황:** 현재까지의 진행 상황과 주요 이슈는 무엇인가?
- **협업 기여도:** 다른 팀과 협업한 부분은 무엇이며, 어떤 성과를 냈는가?

예시:

✓ "신규 고객 확보 캠페인을 기획하여 3개월 동안 5,000명의 신규 고객을 유치함."(○)

✗ "고객 확보 프로젝트에서 성과가 좋았음."(✕)

이처럼 기록이 구체적일수록, **성과관리가 보다 정교하게 이루어질 수 있다.**

(2) 팀 단위로 기록하는 습관을 정착시키기

개인 차원의 기록도 중요하지만, **팀 단위에서 기록을 습관화하는 것이 더 효과적이다.**

이를 위해 리더는 **팀 회의나 업무 리뷰에서 자연스럽게 기록을 강조해야 한다.**

예를 들어, 다음과 같은 방식을 적용할 수 있다.

- **주간 회의에서 각 팀원이 자신의 주요 업무를 간략히 정리하여 공유하도록 유도한다.**
- **월간 성과 리뷰에서 팀 단위로 주요 성과와 도전 과제를 정리하는 시간을 가진다.**
- **팀 내에서 기록을 잘하는 문화를 만들어, 기록을 우수하게 수행하는 구성원을 인정하는 방식도 고려할 수 있다.**

팀 단위에서 기록이 활성화되면, 구성원 개개인도 자연스럽게 기록하는 습관을 가질 수 있다.

(3) 성과 기록을 업무 시스템에 통합하기

기록이 추가적인 업무가 아니라, **업무 과정의 일부가 되어야 한다.**

이를 위해 조직에서는 성과관리 시스템을 활용하여, **성과 기록이 자동으로 이루어질 수 있는 환경을 조성해야 한다.**

- 업무 관리 도구 내 성과 기록 기능 추가(예: Jira, Notion, Confluence 등)
- 주간/월간 리포트 작성 시스템 도입(예: 간단한 3줄 요약 방식)
- 성과 리뷰 시 기록 데이터를 기반으로 논의하도록 프로세스 설계

이러한 시스템이 정착되면, **구성원들은 성과를 따로 정리하는 것이 아니라, 업무 과정 속에서 자연스럽게 기록할 수 있게 된다.**

"기록하지 않으면 기억되지 않고, 기억되지 않으면 인정되지 않는다." – 피터 드러커

성과관리는 기억이 아니라 데이터에 기반해야 한다. 리더와 구성원들이 업무를 수행하는 과정에서 지속적으로 성과를 기록하면, 평가 과정이 공정해지고 조직의 성장도 체계적으로 이루어질 수 있다. 캘리브레이션 미팅이 효과적으로 운영되려면, **성과 기록이 조직의 문화로 정착되어야 한다.**

이를 위해 조직에서는 다음과 같은 접근 방식을 도입해야 한다.

- 기록을 위한 명확한 프레임워크를 제공하여 구성원들이 일관성 있게 기록할 수 있도록 한다.
- 팀 단위에서 기록을 습관화하여, 구성원들이 자연스럽게 기록하는 환경을 조성한다.
- 성과관리 시스템을 활용하여 기록이 업무 과정 속에서 자동으로 이루어지도록 설계한다.

기록하는 문화가 자리 잡는 순간, 캘리브레이션은 단순한 평가 절차가 아니라 **조직의 지속적인 성장과 발전을 이끄는 강력한 도구**가 될 것이다.

11장

리더십과 성과관리가 연결될 때 조직이 달라진다

리더는 결과로 과정을 증명한다

"조직은 리더의 그림자다." - 피터 드러커

조직의 성과는 결코 우연이 아니다. **리더십이 조직을 이끌어 가는 방식이 결국 조직의 성과로 나타난다.** 이는 단순히 리더가 목표를 설정하고 지시를 내린다는 의미가 아니라, **리더가 어떤 가치를 강조하고, 어떤 행동을 독려하며, 어떤 문화를 만들어가**

는가가 조직의 성과를 결정한다는 의미다.

리더가 "우리는 혁신을 중시한다"라고 말하지만, 실제로 실패를 용납하지 않는다면 구성원들은 혁신을 두려워할 것이다. 리더가 "성과를 중요하게 생각한다"라고 말하지만, 인사 평가에서 친분이나 정치적 요인이 더 크게 작용한다면, 구성원들은 결국 성과보다는 내부 정치에 집중할 것이다.

이처럼 **리더의 말과 행동이 조직의 운영 방식과 성과에 직접적인 영향을 미친다.**

리더십의 영향을 설명하는 대표적인 개념 중 하나가 '리더십 피드백 루프Leadership Feedback Loop'다. 이 개념은 리더가 강조하는 가치가 조직 내 행동 패턴을 형성하고, 그 행동이 성과로 나타나며, 결국 다시 리더의 의사결정과 조직 운영 방식에 영향을 미친다는 것이다. 즉, **리더가 강조하는 것, 보상하는 것, 용인하는 것이 조직의 성과를 결정하고, 장기적으로는 조직 문화를 형성한다.**

리더가 단기적인 실적을 강조하면 구성원들은 단기적 목표에만 집중할 것이고, 리더가 장기적인 전략적 성장을 강조하면 구성원들은 장기적인 안목을 가지게 된다. 리더가 성과를 인정하고 보상하면 구성원들은 더 좋은 성과를 내기 위해 노력할 것이고, 리더가 특정 인맥이나 정치적 요소를 더 중요하게 생각하면 조직은 성과보다는 내부 정치로 흐를 것이다.

결국, **조직이 어떤 성과를 내는가는 리더십이 어떤 방식으로 작동하는지의 반영이다.** 따라서, 조직의 성과를 개선하고 싶다면 리더의 행동부터 점검해야 한다.

피드백이 문화를 만든다

"문화는 시스템이 아니라, 사람들이 반복적으로 하는 행동에서 나온다." – 에드거 샤인

조직 문화는 단순히 사내 규정이나 비전 선언문으로 형성되지 않는다. **문화는 조직 내에서 실제로 반복되는 행동과 피드백을 통해 형성된다.** 그리고 이 과정에서 **리더가 어떤 피드백을 제공하느냐가 조직 문화 형성의 핵심 요소가 된다.**

리더는 조직 내에서 **무엇이 중요하고, 무엇이 인정받으며, 무엇이 용납되지 않는지를 지속적으로 메시지로 전달한다.** 이 메시지가 구성원들의 행동을 결정하고, 반복되는 행동이 결국 조직 문화로 자리 잡는다.

예를 들어,

- 리더가 성과를 낸 구성원에게 명확한 인정과 피드백을 제 공하는 조직에서는, 구성원들이 자연스럽게 성과에 집중 하게 된다.
- 반대로 리더가 성과보다는 관계와 내부 정치에 더 많은 관 심을 기울이면, 구성원들도 성과보다는 내부 관계 관리에 집중하게 된다.

캘리브레이션 미팅이 단순한 평가 조정 과정이 아니라, **조직 문화를 만드는 강력한 도구가 될 수 있는 이유도 여기에 있다.** 리더가 어떤 방식으로 캘리브레이션을 운영하고, 피드백을 제 공하느냐에 따라 조직의 분위기가 결정된다.

리더의 피드백이 조직 문화를 만드는 과정은 다음과 같은 원 리로 작동한다.

- **명확하고 구체적인 피드백을 제공하면, 구성원들은 자신 의 성과를 더 명확하게 이해하고 개선할 수 있다.**
- **막연한 칭찬이나 비판만 한다면, 구성원들은 어떤 행동이 좋은 성과로 인정받는지 알지 못한다.**
- **객관적인 데이터와 사례를 기반으로 피드백을 제공하면, 조직의 평가 시스템이 공정하다고 느껴진다.**

조직 문화는 시간이 지나면서 자연스럽게 형성되는 것이 아니다. 리더가 피드백을 통해 일관된 기준을 제시하고, 구성원들의 행동을 조정해 나갈 때, 비로소 조직 문화는 전략적으로 형성될 수 있다.

성과관리가 잘 되는 조직이 결국 성과도 좋다

"측정할 수 없는 것은 관리할 수 없고, 관리할 수 없는 것은 개선할 수 없다." – 로버트 카플란

조직이 높은 성과를 내기 위해서는, 성과관리가 단순한 연례 평가가 아니라 **지속적인 개선 프로세스**가 되어야 한다. 구성원들은 명확한 목표를 가지고 있어야 하며, 그 목표에 대한 피드백을 정기적으로 받아야 한다.

성과관리가 제대로 이루어지지 않는 조직에서는 다음과 같은 문제가 발생한다.

- 구성원들이 **무엇을 해야 할지 명확하게 이해하지 못한다.**
- 평가 기준이 일관되지 않아서, **성과가 조직 내에서 공정하**

게 인정되지 않는다.

- 피드백이 부족하여, **구성원들이 자신의 성장 방향을 알지 못한다.**

반면, 성과관리가 잘 이루어지는 조직에서는 **구성원들이 성과 목표를 명확하게 이해하고, 지속적으로 피드백을 받으며 성장할 수 있는 환경이 조성된다.**

이를 위해 리더는 다음과 같은 접근 방식을 적용해야 한다.

- 목표를 명확하게 설정하고, 주기적으로 성과를 점검하는 시스템을 운영한다.
- 캘리브레이션을 통해 조직 내에서 성과 기준을 정렬하고, 이를 공정하게 적용한다.
- 성과평가가 단순한 등급 매기기가 아니라, 구성원들의 성장과 연계될 수 있도록 피드백을 제공한다.

궁극적으로, **성과관리가 체계적으로 이루어지는 조직은 구성원들의 동기부여가 높아지고, 조직의 생산성이 향상되며, 최종적으로 비즈니스 성과까지 개선되는 선순환 구조를 갖게 된다.**

"사람을 다루는 것이 아니라, 그들의 가능성을 다루어라."

– 톰 피터스

조직의 성과는 결코 우연이 아니다. 리더가 무엇을 중요하게 여기고, 어떤 가치를 강조하느냐에 따라 구성원들의 태도가 결정되고, 그 태도가 쌓여 조직의 문화가 된다. 리더십이 변하면 조직이 변하고, 조직이 변하면 성과가 변한다.

리더는 단순히 성과를 평가하는 사람이 아니다. 리더는 성과를 통해 **사람을 성장시키고, 조직의 가능성을 확장하는 사람**이어야 한다. 평가 자체가 목적이 되는 순간, 조직은 숫자에 매몰되고, 성장은 멈춘다. 하지만 평가가 성장을 위한 과정이 될 때, 조직은 역동성을 가지게 되고, 구성원들은 자신의 역할을 더 명확하게 이해하게 된다.

캘리브레이션은 단순한 성과평가가 아니다. 이 과정이 제대로 운영될 때, 조직은 건강한 경쟁을 촉진하고, 구성원들은 성장의 기회를 얻게 된다. 리더가 구성원을 평가할 때 그들의 현재 모습만 볼 것인가, 아니면 앞으로의 가능성을 함께 설정할 것인가? 이 질문이 리더십의 본질을 결정한다.

궁극적으로 성과관리는 숫자가 아니라 사람을 다루는 일이다. 리더가 평가를 단순한 등급 매기기가 아니라, 성장과 가능성을 발견하는 과정으로 활용할 때, 조직은 단순히 성과가 좋은 조직이 아니라, **구성원이 함께 성장하고 목표를 향해 나아가는 강한 조직**이 된다.

리더로서 마지막으로 던져야 할 질문

저는 리더십으로 박사학위 논문을 썼습니다. 25년간 사람과 조직을 연구하며, 조직의 변화를 돕는 일을 해왔고, 지금도 여전히 그 일을 하고 있습니다. 10년 넘게 회사를 경영하고 있습니다. 조직개발 컨설턴트로, 리더십 코치로, 강연자로, 저술가로, 리더 워크숍을 진행하는 퍼실리테이터로 활동해 왔습니다.

저는 줄곧 리더십이란 무엇이며, 리더는 어떤 사람이 되어야 하는지 고민해 왔습니다. 그리고 저 자신은 어떤 리더가 되어야 하는지 스스로에게 끊임없이 질문해 왔습니다.

이 질문에 대한 답을 찾기 위해 수많은 책을 읽었고, 다양한 리더들을 만나 이야기를 나누었습니다. 강연과 코칭을 하며 리더들의 고민을 들었고, 기업의 변화 과정 속에서 리더들이 어떻게 성장하고 때로는 흔들리는지를 지켜보았습니다. 때로는 그들이 저에게 질문을 던졌고, 저는 그 질문을 붙잡고 다시 고민했습니다. 그렇게 오랜 시간 동안 리더십을 연구하고 실무에 적용해 왔지만, 여전히 저는 흔들립니다.

흔들린다는 것은 나쁜 것이 아닙니다. 괴테가 〈파우스트〉 마지막에 말했습니다. '인간은 노력하는 한 방황한다'고 말이죠. 오히려 고민하고 있다는 것은 멈추지 않고 나아가고 있다는 증거입니다. 저는 리더십을 사람들의 마음을 움직여서 결과를 만들어내는 힘이라고 정의합니다. 과정에서는 마음을 움직이고, 결과에서는 성과로 증명하는 것입니다. 성과는 결국 우리가 존재한다는 것을 증명하는 하나의 방식입니다. 그렇기에 다시 한 번 질문을 던지게 됩니다.

도대체 성과관리는 무엇을 위한 것인가? 캘리브레이션 미팅은, 원온원 미팅은, 타운홀 미팅은 왜 필요한가? 왜 우리는 목표를 세우고, 평가하고, 조정하는가?

결국, **존재해야 하기 때문입니다.** 저도, 우리도, 우리 회사도, 우리 부문도, 우리 실도, 그리고 저와 함께하는 구성원들도. 우리는 서로에게 의미 있는 사람이 되기 위해, 그리고 존재를 증명하기 위해 성과를 관리합니다. 그렇다면 리더로서 마지막으로 던져야 할 질문은 무엇일까요? 많은 질문을 떠올려 보았지만, 결국 저에게 남는 것은 하나입니다.

"나는 함께하고 싶은 사람인가?"

여기에 한 가지를 더 붙여야 합니다.

"나는 함께하고 싶은 사람인가? 진짜?"

리더십은 특별한 사람에게 주어지는 혜택이 아닙니다. 사람들이 나와 함께하고 싶어 하는가, 그리고 나 역시 진정으로 그들과 함께하고 싶은가. 이것이 리더십의 본질일지도 모릅니다.

부록

01 캘리브레이션 체크리스트

다음은 캘리브레이션 체크리스트입니다. 각 단계에서 리더가 점검해야 할 핵심 요소들을 정리한 표입니다.

구분	체크 항목	확인 여부 (✓/X)
사전 준비	조직의 목표와 방향성이 명확히 설정되었는가?	
	상사(대표이사, 상위 리더)의 기대와 평가 기준을 확인했는가?	
	팀별 성과 데이터를 사전에 수집하고 분석했는가?	
	하위 리더들과 사전 논의를 통해 주요 이슈를 정리했는가?	
	평가 기준을 조직 전체에 사전에 공유했는가?	

구분	체크 항목	확인 여부 (✓/✗)
캘리브레이션 미팅 운영	미팅의 목적과 기대 결과를 명확히 설명했는가?	
	심리적 안전감을 조성하고, 자유로운 논의 분위기를 만들었는가?	
	임팩트 플레이어, 턴어라운드 플레이어, 미들 퍼포머에 대한 논의가 균형 있게 이루어졌는가?	
	평가 데이터와 정성적 의견을 균형 있게 반영했는가?	
	논의가 감정이 아닌 논리와 데이터 중심으로 진행되었는가?	
	팀 간 평가 기준이 공정하게 적용되었는가?	
	논의가 방어적 분위기로 흐르지 않도록 리더가 적절히 개입했는가?	
	결정이 나지 않은 사안에 대해 후속 논의 계획을 수립했는가?	
결정 후 피드백 및 후속 조치	임팩트 플레이어에게 기대와 성장 기회를 명확히 전달했는가?	
	턴어라운드 플레이어에게 개선 방향과 구체적인 실행 계획을 제시했는가?	
	미들 퍼포머에게도 성장을 위한 피드백이 제공되었는가?	
	하위 리더들이 후속 활동을 실행할 수 있도록 가이드했는가?	

구분	체크 항목	확인 여부 (√ / X)
	후속 활동이 15일 이내에 완료될 수 있도록 일정이 설정되었는가?	
성과 목표 설정 및 차기 캘리브레이 션 준비	한 해의 성과를 돌아보고 개선할 점을 분석했는가?	
	다음 성과 목표를 설정하고, 리더 및 구성원과 공유했는가?	
	조직의 변화 및 시장 환경을 반영한 성과 기준을 마련했는가?	
	차기 캘리브레이션 미팅 일정 및 운영 계획을 수립했는가?	

02 캘리브레이션 미팅을 위한 주요 질문 리스트

다음은 캘리브레이션 미팅을 위한 주요 질문 리스트입니다. 각 단계별로 리더가 던져야 할 핵심 질문들을 정리하였습니다.

구분	질문 내용	적용 시점
사전 준비	조직의 목표와 방향성이 명확한가?	미팅 전
	올해 상사(대표이사, 상위 리더)의 주요 목표와 기대는 무엇인가?	미팅 전
	우리 조직(부서, 팀)이 올해 초 설정한 목표를 얼마나 달성했는가?	미팅 전
	평가 기준이 일관되게 적용될 수 있도록 정리되었는가?	미팅 전
	팀별 성과 데이터를 충분히 수집하고 분석했는가?	미팅 전
	논의할 주요 인재(임팩트 플레이어, 턴어라운드 플레이어, 미들 퍼포머)를 사전에 검토했는가?	미팅 전
	하위 리더들이 평가 기준을 이해하고 있는가?	미팅 전
미팅 시작 (오프닝)	우리는 무엇을 논의하려 하는가?	미팅 시작
	캘리브레이션 미팅의 목적은 무엇인가?	미팅 시작
	논의가 감정이 아니라 데이터와 논리를 중심으로 이루어질 수 있도록 어떻게 운영할 것인가?	미팅 시작
	심리적 안전감을 조성하기 위해 어떤 분위기를 만들어야 하는가?	미팅 시작

구분	질문 내용	적용 시점
	이 자리에서 논의되는 내용이 조직 성장에 어떻게 기여할 것인가?	미팅 시작
임팩트 플레이어 논의	올해 조직의 성과에 가장 큰 기여를 한 사람은 누구인가?	본격 논의
	해당 구성원이 임팩트 플레이어로 선정된 이유는 무엇인가?	본격 논의
	이 인재가 앞으로 더 큰 역할을 할 수 있도록 어떤 기회를 제공할 수 있는가?	본격 논의
	임팩트 플레이어가 조직 내에서 더욱 영향력을 가질 수 있도록 어떻게 지원할 것인가?	본격 논의
턴어라운드 플레이어 논의	성과가 낮은 구성원 중, 1년 이상 지속적으로 개선되지 않은 사람은 누구인가?	본격 논의
	해당 구성원이 턴어라운드 플레이어로 논의되는 주요 원인은 무엇인가?	본격 논의
	그동안 충분한 피드백과 교육을 제공했는가?	본격 논의
	조직 분위기에 부정적인 영향을 미치고 있는가?	본격 논의
	턴어라운드 플레이어가 성장하기 위해 어떤 구체적인 실행 계획을 제공할 것인가?	본격 논의
미들 퍼포머 논의	성과는 무난하지만 더 성장할 수 있는 잠재력이 있는 구성원은 누구인가?	본격 논의
	미들 퍼포머를 성장 가능성, 안정적 기여자, 정체된 인재로 구분할 수 있는가?	본격 논의
	안정적인 기여를 하고 있는 미들 퍼포머에게 동기부여를 하기 위해 무엇이 필요한가?	본격 논의

구분	질문 내용	적용 시점
논쟁이 발생했을 때	성장 가능성이 있는 미들 퍼포머에게 어떤 기회를 제공할 것인가?	본격 논의
	이 논의는 조직의 목표와 연결되어 있는가?	논의 중
	데이터를 기반으로 논의하고 있는가?	논의 중
	감정이 아닌 논리와 객관적인 평가 기준을 중심으로 논의되고 있는가?	논의 중
	의견이 엇갈릴 경우, 파킹랏에 보관하고 추후 논의할 것인가?	논의 중
미팅 마무리 (클로징)	오늘 논의된 주요 결정 사항은 무엇인가?	미팅 종료
	각 구성원(임팩트 플레이어, 턴어라운드 플레이어, 미들 퍼포머)에 대한 후속 조치는 무엇인가?	미팅 종료
	리더들은 후속 조치를 실행할 준비가 되었는가?	미팅 종료
	후속 조치 일정은 언제까지 완료할 것인가?	미팅 종료
캘리브레이션 이후	임팩트 플레이어, 턴어라운드 플레이어에게 원온원 미팅을 진행할 준비가 되었는가?	미팅 후
	하위 리더들이 미들 퍼포머에게 적절한 피드백을 제공하도록 가이드했는가?	미팅 후
	후속 활동이 15일 이내에 완료될 수 있도록 계획되었는가?	미팅 후
	한 해의 성과를 돌아보고, 다음 성과 목표를 설정할 준비가 되었는가?	미팅 후
	다음 캘리브레이션 미팅을 어떻게 개선할 것인가?	미팅 후

03 캘리브레이션 미팅을 준비하는 팀장의 바른 자세(예하 리더 가이드 제시 용도)

1. 제대로 캘리브레이션 미팅을 준비하기

캘리브레이션 미팅은 단순한 평가 회의가 아니다. 이 미팅을 통해 조직은 목표를 명확히 하고, 개별 성과를 조직의 방향성과 연결하며, 공정한 기준 아래 평가를 정렬한다. 하지만 이 과정이 제대로 이루어지려면 팀장들은 철저한 준비를 해야 한다. 상위 리더는 미팅을 주관하고 운영하지만, **팀장들은 각자의 팀원들에 대한 기록과 데이터를 기반으로 논의에 참여해야 한다.**

팀장이 준비해야 할 것은 단순한 성과 기록이 아니다. **성과를 평가하는 근거, 성과의 흐름, 팀 내 맥락까지 준비해야 한다.** 그렇지 않으면, 미팅에서 방어적으로 나오거나 감정적으로 대응할 가능성이 높아진다. 그리고 성과가 명확하지 않은 상황에서 팀원을 무조건 보호하려 하다 보면 논의가 제대로 이루어지지 않는다. 결국, 팀장 자신이 미팅을 주도적으로 활용하지 못하고, 성과평가 과정에서 불이익을 받을 수도 있다.

① 모든 기록을 모아야 한다

캘리브레이션 미팅에서 가장 흔한 문제 중 하나는 **평가가 직전 몇 개월의 성과에 치우치는 것**이다. 특히 마지막 분기의 성과가 좋았던 팀원들은 과대 평가되기 쉽고, 중간에 기여했지만 최근 성과가 두드러지지 않은 팀원들은 과소 평가될 가능성이 있다. 이런 왜곡을 막기 위해서는 성과 기록을 정기적으로 업데이트하고, 한 해 동안의 성과를 종합적으로 검토하는 과정이 필요하다.

팀장이 준비해야 할 기록은 크게 세 가지다.

1. **정량 데이터**: 프로젝트 기여도, 매출 기여율, 고객 피드백 점수, 업무 처리 속도 등 구체적인 숫자로 확인할 수 있는 자료
2. **정성 데이터**: 팀원들의 협업 태도, 조직 내 영향력, 리더십 역량 등의 평가
3. **피드백 기록**: 연간 원온원 미팅, 코칭 세션, 주요 피드백 내용

② 데이터가 부족한 경우 어떻게 할 것인가?

어떤 팀원들은 평가하기 쉬운 수치적 성과를 가지고 있지만, 일부 팀원들은 구체적인 정량 데이터를 수집하기 어려울 수도 있다. 이 경우, 가능한 **일관된 기준을 적용**해야 한다.

- 프로젝트별 기여도를 분석하고 팀 내 다른 구성원과 비교해본다.
- 팀 내 주요 사건(프로젝트 마감, 위기 상황 해결 등)에서 해당 팀원이 어떤 기여를 했는지 확인한다.
- 리더나 동료로부터 피드백을 받아 **성과의 흐름을 입증할 수 있는 근거를 만든다.**

캘리브레이션 미팅에서는 성과를 설명할 때 감정보다는 **구체적인 근거**가 필요하다. 데이터를 정리할 때, 팀장은 객관적인 기록을 기반으로 논의를 준비해야 한다.

③ **기록이 부족할 때 대응하는 방법**

성과를 평가할 때, 기록이 충분하지 않은 경우가 많다. 평가 시즌이 되어서야 데이터를 모으기 시작하면, 정리된 정보가 부족할 수밖에 없다. 이 경우, 다음과 같은 방식으로 대응할 수 있다.

1. 팀원들에게 직접 기록을 요청한다.

- "올해 가장 성과를 냈다고 생각하는 프로젝트는 무엇인가?"
- "가장 어려웠던 도전 과제는 무엇이었나?"
- "조직 내에서 본인의 역할이 어떻게 확장되었나?"

2. 팀 내 성과 회고 미팅을 진행한다.

- 팀원들에게 1년 동안의 주요 성과를 정리하는 시간을 주고, 회고 미팅에서 각자의 성과를 공유하게 한다.
- 이 과정에서 팀장이 각자의 기여도를 파악하고, 평가 기준을 보완할 수 있다.

3. 상위 리더와 사전 논의를 진행한다.

- 상위 리더가 중요하게 생각하는 평가 기준을 다시 한번 확인한다.
- 조직 전체에서 중요하게 보는 성과 지표와 팀의 성과가 일치하는지 점검한다.

④ 캘리브레이션 미팅은 우리 팀만 논의하는 자리가 아니다

많은 팀장들이 간과하는 부분이 있다. 캘리브레이션 미팅은 **우리 팀원만을 평가하는 자리가 아니라, 상위 조직 전체에서 성과를 어떻게 정렬할 것인지 논의하는 자리**라는 점이다.

캘리브레이션 미팅에서는 다른 팀의 성과도 논의되며, 우리 팀원들의 성과가 조직 전체에서 상대적으로 어디에 위치하는지 평가받게 된다. 따라서, 단순히 우리 팀의 성과만 준비하는 것이 아니라, **다른 팀원들의 성과도 이해하고 있어야 한다.**

⑤ 상위 조직의 다른 팀 구성원에 대한 이해가 필요한 이유

1. 평가의 기준을 조직 전체와 맞추기 위해서
- 내가 생각하는 임팩트 플레이어와 다른 팀장이 생각하는 임팩트 플레이어가 다를 수 있다.
- 조직 전체에서 중요하게 보는 성과 기준이 다를 수 있으므로, 상위 조직에서 어떤 평가 기준을 중시하는지 파악해야 한다.

2. 타 팀과의 비교 속에서 우리 팀원들의 위치를 이해하기 위

해서

- 캘리브레이션 미팅에서는 개별 팀원이 아니라, **조직 전체에서 성과가 상대적으로 어떻게 평가되는지가 중요하다.**
- 우리 팀의 강점과 약점을 상대적으로 파악하고, 논의에서 균형을 맞추는 것이 필요하다.

3. 우리 팀원의 성과가 조직 목표와 어떻게 연결되는지 설명하기 위해서

- 예를 들어, A팀의 기획 담당자는 조직의 성장 전략을 주도하고, B팀의 마케팅 담당자는 시장 확대를 주도했다면, 우리 팀원은 이들과 어떻게 협력했고, 어떤 기여를 했는지를 설명할 수 있어야 한다.

⑥ 캘리브레이션 미팅을 앞두고 팀장이 해야 할 사전 준비

- 상위 조직의 평가 기준을 미리 확인한다.
- 타 팀의 핵심 성과자와 그들이 이룬 성과를 이해한다.
- 우리 팀원의 성과를 조직 전체 맥락에서 설명할 수 있도록 정리한다.
- 상위 리더가 어떤 평가 기준을 중요하게 보는지 파악한다.

캘리브레이션 미팅에서는 팀원 개개인의 평가도 중요하지만, **팀장의 관점이 조직 전체와 연결될 수 있어야 한다.** 그렇지 않으면, 미팅에서 우리 팀이 불이익을 받을 수도 있고, 평가 과정에서 다른 팀원들과의 형평성이 맞지 않는 상황이 발생할 수 있다.

팀장이 캘리브레이션 미팅에서 **우리 팀의 성과만이 아니라, 조직 전체의 성과를 고려하는 시각을 가질 때,** 더 공정한 평가가 가능해지고, 팀원들이 조직 내에서 보다 적절한 기회를 받을 수 있다.

캘리브레이션 미팅은 **개별 평가가 아니라, 조직 전체의 방향성을 설정하는 과정이다. 팀장이 철저하게 준비할수록, 우리 팀원들은 공정한 평가를 받을 수 있고, 조직 전체에서 더 큰 기여를 할 기회를 가질 수 있다.**

2. 제대로 캘리브레이션 미팅 참여하기

① 캘리브레이션 미팅에서 팀장이 해야 할 행동

1. 논의를 데이터 중심으로 이끌어야 한다.
- 캘리브레이션 미팅에서는 감정이나 개인적인 호불호가 개

입될 수 있다.

- 팀장은 성과 기록과 실제 데이터를 기반으로 논의를 진행해야 한다.
- "우리 팀원은 정말 열심히 일했습니다"가 아니라, "올해 진행한 프로젝트에서 매출 15% 증가에 기여했고, 고객 만족도 평가가 4.8점으로 상승했습니다"처럼 **구체적인 근거**를 제시해야 한다.

2. 팀원의 성과를 조직 목표와 연결시켜 설명해야 한다.

- 개별 팀원의 성과가 아니라, 조직의 방향과 정렬된 성과를 강조해야 한다.
- "이 팀원의 성과는 우리 팀 내에서 중요했습니다"보다는,
- "이 성과는 조직의 핵심 목표인 ○○○을 달성하는 데 기여했습니다"라고 말하는 것이 중요하다.

3. 다른 팀의 평가 기준을 존중해야 한다.

- 캘리브레이션 미팅에서는 여러 팀의 팀장이 참여하며, 각 팀마다 평가 기준이 다를 수 있다.
- 내 팀원의 평가를 강조하는 것과 동시에, 다른 팀의 기여도와 평가 기준도 존중해야 한다.

- "우리 팀은 이렇게 평가합니다"라고 단정 짓는 것이 아니라, "다른 팀의 평가 기준은 무엇인지 듣고, 우리 기준과 어떻게 조율할 수 있을지 논의하고 싶습니다"라는 접근이 필요하다.

4. 평가의 일관성을 유지하기 위해 적극적으로 의견을 내야 한다.

- 평가 기준이 흔들리거나, 특정 팀원만 불공정한 평가를 받는다면 팀장이 나서야 한다.
- "이 기준이 적용된다면, 다른 팀원들에게도 동일한 기준이 적용되어야 합니다"라고 발언하며 균형을 맞춘다.

② 캘리브레이션 미팅에서 팀장이 하지 말아야 할 행동

1. 팀원을 무조건 방어하려고 하지 않는다.

- 많은 팀장들이 "우리 팀원은 정말 열심히 했습니다"라며 무조건 방어적인 태도를 보인다.
- 하지만 캘리브레이션 미팅은 **객관적인 평가의 자리**이지, 팀원을 보호하는 자리가 아니다.
- "이 팀원의 기여도를 객관적으로 평가했을 때, 조직 전체

의 기여도와 비교하면 어떤 위치에 있는지 논의해 보겠습니다"처럼 논의의 흐름을 열어두어야 한다.

2. 다른 팀의 평가를 깎아내리지 않는다.

- "그 팀은 실적이 나쁜데 왜 저렇게 평가가 높죠?"와 같은 발언은 논의를 감정적으로 흐르게 만든다.
- 대신, "이 기준이 우리 조직 전체에서 공정하게 적용될 수 있도록 논의해 보면 좋겠습니다"라고 접근하는 것이 좋다.

3. 개인적인 감정을 개입시키지 않는다.

- "저 팀장은 늘 우리 팀을 낮게 평가하려고 한다"와 같은 생각이 들 수도 있다.
- 하지만 중요한 것은 개인 감정이 아니라, 성과평가의 논리다.
- 논의가 감정적으로 흐르면, 팀장은 "우리가 논의를 데이터 중심으로 다시 정리해 보는 것이 좋겠습니다"라고 조율해야 한다.

③ 난해한 상황에 대응하는 방법

1. 특정 팀원의 평가를 두고 의견이 첨예하게 갈릴 때

- 팀원에 대한 평가가 팀장들 사이에서 합의되지 않는 경우가 있다.
- 이때 감정적으로 방어하기보다는, "이 팀원의 성과를 객관적으로 분석할 수 있는 추가 데이터를 검토해 보겠습니다"라고 말하며 논의를 이성적으로 유지해야 한다.
- 상위 리더가 최종 결정을 내려야 하는 경우라면, "이 사안은 논의가 충분히 되었으니, 최종적으로 상위 리더의 의견을 듣고 결정하겠습니다"라고 정리한다.

2. 특정 팀원이 임팩트 플레이어로 추천되었지만, 이에 대한 반대 의견이 많을 때

- 임팩트 플레이어는 조직의 핵심 인재로 선정되는 것이기 때문에, 논란이 많을 수 있다.
- "이 팀원이 임팩트 플레이어로 선정될 경우, 조직에 어떤 긍정적인 영향을 미칠 수 있는지 논의해 보겠습니다"라고 접근해야 한다.
- 무조건 반대하는 것이 아니라, **그 팀원이 임팩트 플레이어**

로서 적절한 기준을 충족하는지 논의할 수 있는 근거를 검토하는 방식이 효과적이다.

3. 특정 팀원이 턴어라운드 플레이어로 선정되는 과정에서 반발이 있을 때

- 턴어라운드 플레이어로 선정된다는 것은 조직 내에서 성과 개선이 필요하다는 의미이므로, 당사자뿐만 아니라 팀에서도 부담을 느낄 수 있다.
- 논의가 감정적으로 흐르지 않도록, "턴어라운드 플레이어로 평가된 이유를 구체적인 데이터로 정리해 보고, 개선 방향을 함께 논의하는 것이 필요합니다"라고 접근해야 한다.
- "이 팀원이 앞으로 어떻게 성장할 수 있을지를 중심으로 논의하는 것이 좋겠습니다"라는 방향을 제시해야 한다.

④ 캘리브레이션 미팅에서 팀장이 기억해야 할 핵심 포인트

- **데이터 중심으로 논의하라.**
  감정이 아니라 성과 기록과 객관적인 근거를 바탕으로 논의해야 한다.

- **팀원의 성과를 조직의 목표와 연결하라.**

  "이 팀원이 팀 내에서 잘했다"가 아니라, "이 성과가 조직 전체의 방향성과 일치하는가?"를 설명해야 한다.

- **다른 팀과의 평가 기준을 존중하라.**

  평가 기준이 다를 수 있으므로, 무조건 우리 팀 기준을 강요하기보다는 공정한 논의를 이끌어야 한다.

- **논란이 있는 경우, 결론을 성급하게 내리지 마라.**

  논쟁이 있는 경우, 추가 데이터를 검토하거나 상위 리더의 의견을 듣고 결정할 수 있도록 조율해야 한다.

- **논의가 감정적으로 흐르면 논리적으로 되돌려라.**

  "우리는 공정한 평가를 위해 논의하고 있습니다. 감정적인 부분을 배제하고 다시 정리해 보겠습니다."

캘리브레이션 미팅에서 팀장이 해야 할 가장 중요한 역할은 **자신의 팀을 방어하는 것이 아니라, 객관적이고 공정한 논의를 이끄는 것**이다. 논의의 흐름을 감정이 아니라 데이터 중심으로 유지하고, 조직의 목표와 연결된 성과를 강조하면, 팀원들도 더 공정한 평가를 받을 수 있고, 조직 전체의 성과관리도 효과적으로 이루어질 수 있다.

3. 결과를 대하는 올바른 자세(미팅 종료 후 15일 이내 해야 할 일)

캘리브레이션 미팅이 끝난 후 가장 중요한 것은 **결과를 어떻게 받아들이고, 어떻게 활용할 것인가**다. 평가 자체보다 중요한 것은 이 평가가 **조직과 개인의 성장으로 연결되는 과정**이다.

캘리브레이션 미팅이 끝난 후 15일 이내에 해야 할 일은 명확하다.

- 팀원들이 평가 결과를 받아들이고, 이를 성장의 기회로 삼을 수 있도록 해야 한다.
- 미팅의 논의 결과가 실제 조직 운영과 성과 개선으로 이어질 수 있도록 조치를 취해야 한다.
- 임팩트 플레이어, 턴어라운드 플레이어, 미들 퍼포머 각각에게 적절한 후속 피드백과 방향을 제시해야 한다.

캘리브레이션 미팅에서 결정된 결과는 **단순한 평가가 아니라, 미래의 성과를 위한 로드맵**이 되어야 한다. 이 과정에서 **팀장의 역할은 단순한 전달자가 아니라, 팀원들이 결과를 의미 있게 받아들이고 실행할 수 있도록 돕는 촉진자**가 되는 것이다.

① 미들 퍼포머와 원온원 - 성장을 위한 대화

캘리브레이션 미팅이 끝난 후 가장 먼저 해야 할 일 중 하나는 **미들 퍼포머와의 원온원 미팅을 진행하는 것**이다. 이 미팅의 목적은 단순히 평가 결과를 전달하는 것이 아니라, **그들이 앞으로 어떻게 성장할 것인지 논의하는 것**이다.

② **미들 퍼포머 원온원 미팅의 핵심 원칙**

1. 평가 결과가 아니라 **강점과 성장 기회에 초점을 맞춘다.**
2. 다음 목표를 설정하고 **구체적인 실행 계획을 세운다.**
3. 조직 내에서 **더 큰 역할을 할 수 있도록 기회를 제공한다.**

팀장: "이번 캘리브레이션 미팅에서 너는 조직 내에서 안정적인 기여를 하고 있는 것으로 평가되었어. 하지만 나는 최프로가 지금보다 더 큰 역할을 할 수 있다고 생각해."

미들 퍼포머: "솔직히 저는 더 많은 기회를 갖고 싶긴 했지만, 어떻게 해야 할지 잘 모르겠어요."

팀장: "그럼 우리가 같이 고민해 보자. 최프로가 현재 강점으로 삼을 수 있는 부분은 무엇이고, 앞으로 어떤 방향으로 성장

하고 싶은지 이야기해 볼까?"

③ 미들 퍼포머에게 구체적인 성장 기회를 제공하는 법

- 특정 프로젝트에서 리딩 역할을 맡게 한다.
- 새로운 업무를 경험할 수 있는 기회를 준다.
- 조직 내 협업을 확대하여 다양한 경험을 쌓을 수 있도록 한다.

④ 미팅 종료 후 15일 이내에 해야 할 일

1. 임팩트 플레이어와 턴어라운드 플레이어는 상위 리더가 직접 원온원을 진행하고, 팀장은 후속 논의를 한다.

- 임팩트 플레이어는 향후 성장 기회를 논의하고, 더 큰 역할을 맡을 준비를 하도록 한다.
- 턴어라운드 플레이어는 개선이 필요한 부분과 구체적인 실행 계획을 논의하고, 실천 여부를 지속적으로 모니터링해야 한다.

2. 미들 퍼포머는 팀장이 직접 원온원을 진행한다.

- 성장 가능성이 있는 미들 퍼포머는 새로운 기회를 제시하고 도전하도록 유도한다.
- 안정적인 기여를 하는 미들 퍼포머는 조직 내에서 지속적으로 중요한 역할을 수행할 수 있도록 지원한다.

3. 모든 피드백과 논의 내용을 기록하고, 후속 조치를 실행한다.
- 원온원 미팅에서 논의한 내용과 설정한 목표를 기록한다.
- 3개월 후 점검 미팅을 진행하여 실천 여부를 확인한다.

4. 팀원들에게 피드백을 전달하는 방식을 정리한다.
- 평가가 결과 전달에서 끝나는 것이 아니라, 조직 내에서 성과를 성장의 기회로 활용할 수 있도록 방향을 설정한다.

캘리브레이션 미팅의 결과는 **단순한 평가가 아니라, 미래 성과를 위한 출발점**이 되어야 한다.

미팅이 끝난 후 15일 이내에 후속 조치를 실행해야, 조직 전체가 성과를 개선하는 방향으로 움직일 수 있다. 리더는 평가 결과를 단순히 전달하는 것이 아니라, 팀원들이 **결과를 성장의 기회로 삼을 수 있도록 돕는 역할을 해야 한다.**

- 임팩트 플레이어는 조직의 핵심 인재로서 더 큰 역할을 맡도록 지원해야 한다.
- 턴어라운드 플레이어는 명확한 개선 목표와 실행 계획을 통해 변화를 이끌어야 한다.
- 미들 퍼포머는 조직의 중심을 잡아주는 역할을 하며, 이들을 성장시키는 것이 곧 조직의 성과를 결정짓는다.

결과를 어떻게 대하느냐에 따라 조직의 미래가 달라진다. 결과를 단순한 등급으로만 바라보는 것이 아니라, **조직의 지속적인 성장과 연결하는 것이 리더의 역할**이다.

(30분 동안 미들 플레이어를 성장(○), 안정(□), 정체(△) 그룹으로
분류하는 과정 진행)

세션 오프닝 & 분류 기준 재확인 (5분)

"이제부터 플레이어들을 성장(○), 안정(□), 정체(△)로 구분
하는 작업을 시작하겠습니다. 지금 진행하는 과정은 단순한 평
가가 아니라, 각 구성원에게 맞는 성장 기회를 제공하고, 조직이
어떻게 지원할지를 정리하는 과정입니다.

이번 분류 작업에서 우리는 객관적인 기준을 바탕으로 논의
해야 합니다.

팀장 여러분께서는 이미 개별 4분 스피치를 통해 각 팀원의
성과와 기여도를 설명해 주셨습니다.

이제 우리가 해야 할 일은 이 구성원들이 향후 어떤 성장 경
로를 가질지 정리하는 것입니다.

- 성장 그룹(○) → 조직 내 A 플레이어(★)로 성장 가능성이
  높은 팀원
- 안정 그룹(□) → 현재 역할을 충실히 수행하고 있으며, 지

속적인 기여가 기대되는 팀원

- 정체 그룹(△) → 성과가 정체되었거나, 개선이 필요한 팀원

이제 각 팀장님들께서 본인의 팀원들을 1차적으로 분류해 주시면, 이후 교차 검토를 진행하겠습니다."

1차 개별 분류 – 팀장별 제안 (10분)

(각 팀장이 본인의 팀원을 성장(○), 안정(□), 정체(△) 중 어디에 해당하는지 발표)

"각 팀장님들께서는 본인의 팀원들을 성장, 안정, 정체 그룹으로 1차적으로 분류해 주세요

기준은 명확합니다.

- 성장(○) 그룹은 도전 과제를 부여하면 더 높은 성과를 낼 가능성이 있는 팀원입니다.
- 안정(□) 그룹은 현재 역할을 충분히 수행하고 있으며, 유지하면서 기여하면 되는 팀원입니다.
- 정체(△) 그룹은 성과가 정체되었거나, 개선이 필요한 팀원입니다.

팀장님들께서는 1분씩 돌아가면서 본인의 팀원들을 어디에 배치할지 설명해 주세요

Working together works well, with PlanB

플랜비디자인은 조직개발 및 인적자원개발 컨설팅을 제공할 뿐 아니라, HR전문 도서를 출판하고 있습니다. 개인과 조직이 함께 성장하고 더불어 살아갈 수 있는 조직을 디자인합니다. 모든 고객이 플랜비와 함께하는 과정에서 성장을 경험할 수 있도록 돕습니다.

조직의 문제는 언제나 급하고 복잡해 보입니다. 우리는 단순히 현상을 수습하기에 앞서 유기적인 시스템 안에서의 근원적인 문제가 무엇인지 치열하게 고민합니다. 당장의 급한 일들로 인해 놓쳐버린 진짜 문제를 찾고 지속 가능한 변화를 디자인합니다.

1. 컨설팅

플랜비디자인의 일은 고객과 고객사의 임직원의 입장을 깊게 공감하는 것에서부터 시작합니다. 진정으로 개인과 조직을 성장시키기 위해 꼭 필요한 질문을 시작으로 각 고객사의 조직 경험을 디자인합니다.

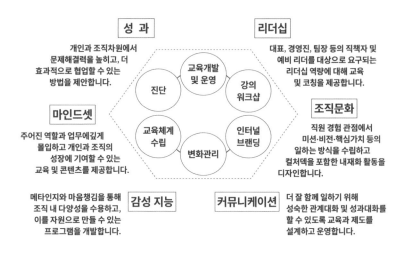

성 과
개인과 조직차원에서 문제해결력을 높이고, 더 효과적으로 협업할 수 있는 방법을 제안합니다.

리더십
대표, 경영진, 팀장 등의 직책자 및 예비 리더를 대상으로 요구되는 리더십 역량에 대해 교육 및 코칭을 제공합니다.

마인드셋
주어진 역할과 업무에깊게 몰입하고 개인과 조직의 성장에 기여할 수 있는 교육 및 콘텐츠를 제공합니다.

조직문화
직원 경험 관점에서 미션·비전·핵심가치 등의 일하는 방식을 수립하고 컬처덱을 포함한 내재화 활동을 디자인합니다.

감성 지능
메타인지와 마음챙김을 통해 조직 내 다양성을 수용하고, 이를 자원으로 만들 수 있는 프로그램을 개발합니다.

커뮤니케이션
더 잘 함께 일하기 위해 성숙한 관계대화 및 성과대화를 할 수 있도록 교육과 제도를 설계하고 운영합니다.

(원 안의 항목: 교육개발 및 운영 / 강의 워크샵 / 진단 / 인터널 브랜딩 / 교육체계 수립 / 변화관리)

2. HR 전문 도서 출판

다수의 HR전문가들과 함께 협업하며, 새로운 인사이트를 발굴하고, 출판합니다.
조직에서 도서를 더 잘 활용할 수 있게끔 다양한 활동을 지원합니다.

저자 및 도서를 연계한 특강 및 워크샵	조직의 학습문화를 위한 독서모임 퍼실리테이션
사내 도서관 큐레이션	'나인팀'을 통한 HRD(er)의 도서 공동 집필 프로젝트

특히 성장(○)과 정체(△) 그룹으로 분류된 팀원들은 그 이유를 간략하게 공유해 주시면 좋겠습니다."

(각 팀장이 차례로 1차 분류 발표)

분류 논의 및 조정 – 교차 피드백 (10분)

(팀장 간 의견 조율 및 이견 조정)

"좋습니다. 각 팀장님들의 의견을 바탕으로 1차 분류가 완료되었습니다. 하지만 몇몇 팀원들에 대해서는 논의가 필요해 보입니다."

(화면이나 화이트보드에 분류된 이름 표시)

"지금 논의해야 할 핵심 포인트는 두 가지입니다."

이견이 있는 팀원 조정

- 성장(○)과 안정(□) 사이에서 고민되는 팀원
- 안정(□)과 정체(△) 사이에서 논의가 필요한 팀원

"특히 성장 가능성이 높은지 아닌지 불분명한 팀원들에 대해 한 번 더 검토해 보겠습니다.

또한, 정체(△) 그룹에 배치된 팀원들이 단순히 성과가 낮은 것인지, 아니면 조직 적합성이나 태도 면에서도 개선이 필요한지 논의해야 합니다."

교차 협업 관점에서 추가 피드백 반영

"이 팀원들과 협업한 다른 팀장님들의 의견을 듣겠습니다. 이들이 조직 전체에서 어떤 기여를 하고 있으며, 본인이 소속된 팀 외부에서도 성장 가능성이 있는지 공유해 주세요"

(팀장 간 토론 진행 → 최종 조정 필요 팀원 확정)

최종 확인 및 기록 정리 (5분)

(최종적으로 성장(○), 안정(□), 정체(△) 그룹별 인원을 확정)

"이제 논의를 마무리하겠습니다. 최종적으로 정리된 그룹은 다음과 같습니다."

(보드에 정리된 성장(○), 안정(□), 정체(△) 그룹별 명단을 표시)

"이번 분류 작업의 목적은 평가를 위한 것이 아니라, 이 팀원들이 더 성장할 수 있도록 지원 방향을 설정하기 위한 것이었습니다."

"이제 각 팀장님들께서는 20분 동안 원온원 계획을 수립해 주세요

특히 성장(○) 그룹 팀원들에게는 어떤 도전 과제를 줄 것인지,

정체(△) 그룹 팀원들에게는 어떤 피드백과 후속 조치를 취할

것인지 명확히 정리해 주시기 바랍니다."

"20분 후에 다시 모여서, 각 팀장님들의 원온원 계획과 후속
조치 방안을 공유하는 시간을 갖겠습니다."

05 캘리브레이션 7단계 체크리스트 & 워크시트

단계	체크 포인트	체크
1. Vision (비전)	조직의 방향성과 존재 이유를 구성원에게 명확히 설명했다	☐
	상위 조직(CEO 등)의 전략 방향을 팀 수준에서 해석했다	☐
	비전을 구성원이 공감할 수 있는 언어로 재해석했다	☐
2. Goal Setting (목표)	전략 기반의 명확한 성과목표를 설정했다	☐
	정량/정성의 목표 항목을 균형 있게 구성했다	☐
	구성원별 역할과 책임을 목표와 연결했다	☐
3. Alignment (정렬)	팀/개인 목표가 상위 전략과 정렬되어 있는지 점검했다	☐
	협업이 필요한 팀과 목표 정렬을 완료했다	☐
	구성원이 자신의 목표를 정확히 이해하고 수용하고 있다	☐
4. Execution (운영)	실행에 필요한 자원과 조건을 사전에 준비했다	☐
	정기적으로 실행 현황을 체크하고 방향을 조정했다	☐
	구성원의 몰입을 이끌기 위한 동기부여 활동을 했다	☐

5. Monitoring (진행 점검)	성과 데이터와 진행 사항을 주기적으로 점검했다	☐
	중간 점검 미팅을 통해 보완점을 공유했다	☐
	즉각적인 피드백과 조율로 문제 상황에 개입했다	☐
6. Evaluation (평가)	평가 기준에 따라 공정하고 일관되게 평가했다	☐
	구성원과 1:1 피드백 면담을 통해 평가 내용을 전달했다	☐
	다른 리더들과 평가 정렬을 통해 오차를 줄였다	☐
7. Reward (보상)	성과에 맞는 인정과 보상을 제공했다	☐
	다음 성장 기회를 제시하거나 역할 확대를 논의했다	☐
	보상의 맥락과 기준을 구성원이 이해하도록 설명했다	☐

1. Vision 설정 워크시트

리더는 팀의 방향성을 정의할 수 있어야 합니다. 이 워크시트는 상위 조직의 전략과 연결된 우리 팀의 비전을 구체화하기 위한 도구입니다.

1. 상위 조직의 비전/전략 이해

- 우리 회사(또는 본부)의 최상위 비전은 무엇인가요?
  (예: 고객에게 최고의 가치를 제공한다 / 기술로 일상을 바꾼다 등)
- 상위 조직(CEO, HQ, Division 등)이 올해 가장 중요하게 보는 전략 키워드는 무엇인가요?
  (예: 글로벌 확장 / 수익성 강화 / 지속가능성 / 고객 경험 등)

2. 우리 팀(또는 본부)의 존재 이유 정리

- 우리 팀은 왜 존재하는가?
  (단순한 기능 설명을 넘어서, 조직 내 '역할의 의미'를 담아보세요)

- 우리는 어떤 가치를 만들고 있는가?

  (내부고객, 외부고객, 회사 전체의 관점에서)

3. 우리 팀의 비전 문장 만들기

- 상위 전략과 연결된 **우리 팀의 비전 문장**을 작성해 보세요.
  (좋은 비전 문장은 짧고 명료해야 하며, 방향성과 감동을 담고 있어야 합니다.)
  |예| "우리는 최고의 고객 경험을 설계하는 브랜드 전초기지다."

4. 비전을 구성원과 나누기 위한 방법

- 비전을 구성원들에게 어떻게 공유할 것인가?(예: 타운홀, 주간 미팅, 비전 워크숍 등)
- 구성원들이 이 비전에 공감할 수 있도록 하기 위해 나는 무엇을 해야 하는가?

항목	점검 여부(✓)
상위 조직의 전략을 명확히 이해하고 있다	☐
우리 조직의 존재 이유를 명확히 정리했다	☐
조직의 비전 문장을 완성했다	☐
비전을 구성원들과 나누기 위한 계획을 세웠다	☐

2. Goal Setting 워크시트

"좋은 목표는 구성원에게 방향을 제시하고, 의미를 부여하고, 실행을 이끈다."

1. 상위 전략에서 파생된 핵심 목표는 무엇인가?

- 우리 팀이 반드시 달성해야 하는 연간 핵심 목표 3가지를 정리해보세요.

핵심 목표	정량 지표(KPI)	기한	참고

2. 정량적 목표 vs 정성적 목표

- 단순 수치 외에도, 팀의 문화·협업·고객 경험 등 정성적 가치도 포함되어야 합니다.

정량적 목표 (수치 기반)	정성적 목표 (행동/가치 기반)
예: 월 매출 20억 원 달성	예: 고객 응대 피드백 점수 90점 이상

3. 구성원별 목표 연결

- 각 구성원이 팀의 목표와 어떻게 연결되는지 정리해 보세요.
- 구성원의 이해도와 수용 가능성도 고려해야 합니다.

구성원	담당 영역	연결된 팀 목표	개별 목표(정량/정성)

4. Stretch vs Achievable

- 목표는 <u>도전적이지만 현실적</u>이어야 합니다.
- 각 목표의 성격을 판단해보세요.

목표	Stretch 요소	실현 가능 조건(Achievable)

☑ 셀프 체크

항목	점검 여부(✓)
팀의 전략적 목표 3개가 명확히 설정되었다	☐
정량/정성 지표가 균형 있게 설정되었다	☐
구성원 목표와 팀 목표의 연결이 정리되었다	☐
목표가 도전적이지만 현실적인 수준이다	☐

3. Alignment 워크시트

"정렬이 되지 않은 목표는 아무리 잘 실행해도 조직을 어긋나게 만든다."

– 캘리브레이션 리더십 강의 中

1. 상위 목표와 정렬 확인

- 상위 조직의 KPI, 전략 방향과 우리 팀의 목표는 어떻게 연결되는가?

상위 조직의 KPI/전략	우리 팀 목표와의 연결성	보완할 점

2. 협업이 필요한 다른 팀 또는 부서

- 우리 목표를 달성하기 위해 **함께 조정하거나 협력**해야 할 팀은?

협업 대상 팀	협업이 필요한 영역	사전 정렬 내용	추가 조율 필요?
			☐ 예 / ☐ 아니오
			☐ 예 / ☐ 아니오

3. 구성원 간 정렬 점검

- 각 구성원의 개별 목표가 팀의 핵심 목표에 기여하고 있는가?

구성원	개인 목표	팀 목표와의 정렬	이슈/위험 요소
		☐ 강함 / ☐ 약함	
		☐ 강함 / ☐ 약함	

4. 충돌되는 목표/기대 조정하기

- 아래 항목에 해당하는 경우, 미리 정렬하거나 논의해야 합니다.

발생 가능 이슈	영향도	조율 방식	조정 책임자

항목	점검 여부(✓)
우리 팀의 목표가 상위 조직의 방향과 정렬되었는가	☐
협업이 필요한 타 팀과의 목표 정렬이 이루어졌는가	☐
구성원 개별 목표가 팀 목표에 부합하는가	☐
충돌 가능성이 있는 지점을 사전에 점검했는가	☐

4. Execution 워크시트

"목표를 이룬 조직은 대부분 실행을 잘한 조직이다."

1. 실행을 위한 자원 확보 및 배치

- 성과 달성을 위해 필요한 리소스와 인력을 점검하세요.

필요 리소스/조건	현재 확보 여부	조치 계획
	☐ 있음 / ☐ 없음	
	☐ 있음 / ☐ 없음	

2. 실행 책임 및 담당자 지정

- 각 실행 항목에 책임자를 명확히 지정하고, 실행 일정도 설정해야 합니다.

실행 과제	담당자	시작일	완료 목표일	확인 주기
				□ 주간 □ 월간

3. 실행력 점검을 위한 중간 마일스톤

- 실행의 진척도를 추적할 수 있는 **중간 지표**를 설정하세요.

마일스톤	완료 예정 시점	완료 기준	현재 진척도
			%
			%

4. 실행 과정에서 리더의 지원 역할

- 실행을 방해하는 장애요소를 제거하고, 팀의 몰입을 유지하는 것이 핵심입니다.

구성원/팀	현재 실행상 어려움	리더가 해줄 수 있는 지원	조치 완료 여부
			□ 예 / □ 아니오

☑ 셀프 체크

항목	점검 여부(✓)
필요한 자원(인력, 예산, 시간 등)이 확보되었는가	□
실행 책임자와 일정이 명확히 설정되었는가	□
중간 마일스톤을 활용한 실행 점검 구조가 있는가	□
팀이 몰입할 수 있도록 리더가 적극 지원하고 있는가	□

5. Monitoring 워크시트

"조직은 결과가 아니라 흐름을 관리해야 한다. 중간에 길을 잃지 않도록."

1. 주기적인 점검 루틴 설정

- 점검이 '이벤트'가 아니라 '루틴'이 되도록 만드세요.

점검 항목	점검 주기	방식 (회의, 보고서, 원온원 등)	다음 점검일
	□ 주간 / □ 격주 / □ 월간		
	□ 주간 / □ 격주 / □ 월간		

2. 진척도 기반 피드백

- 숫자(성과)보다는 **흐름**(패턴)을 중심으로 분석해야 합니다.

구성원	목표 항목	현재 진척도	흐름 해석	피드백 내용
		%	상승 / 정체 / 하락	

3. 성과 흐름 시각화

- 트렌드 그래프나 누적 기록을 활용해 흐름을 파악하세요.

항목	1월	2월	3월	트렌드 분석
				상승 / 정체 / 하락

|예| 주간 신규고객 수, 클레임 건수, 프로젝트 완료율 등

4. 문제 상황 발견 시 즉각적 조치

- 문제가 보이면 기다리지 말고 바로 개입하세요.

이슈 항목	원인 분석	조치 방향	담당자	조치 기한

5. 구성원별 피드백 요약

- 단순한 지시가 아니라 **성장 중심 피드백**이 되어야 합니다.

구성원	피드백 주제	긍정적 메시지	보완 포인트	다음 대화 일정

항목	점검 여부(✓)
정기적인 점검 루틴이 설정되어 운영되고 있는가	☐
성과 흐름을 기반으로 피드백을 제공하고 있는가	☐
문제를 조기에 발견하고 빠르게 개입하고 있는가	☐
피드백이 구성원의 성장과 연결되고 있는가	☐

6. Evaluation 워크시트

"평가는 점수가 아니라, 의미를 정렬하는 대화다."

1. 평가 기준 재확인

- 캘리브레이션 이전에 정리된 **조직의 성과 기준**과 비교해
  평가를 진행하세요.

기준 항목	평가 기준 요약	공유 여부	수정 필요 여부
팀 목표 정렬		☐ 예 / ☐ 아니오	☐ 예 / ☐ 아니오
정량 성과		☐ 예 / ☐ 아니오	☐ 예 / ☐ 아니오
정성 기여		☐ 예 / ☐ 아니오	☐ 예 / ☐ 아니오

2. 구성원 성과 정리 (사례 중심)

- 단순 평가가 아닌 근거 기반 해석을 작성하세요.

구성원	정량 성과	정성 기여	성장 가능성	평가 의견 요약
			높음 / 보통 / 낮음	

3. A/C 플레이어 후보 정리

- 조직 기준에 따라 선정된 구성원들을 평가에 앞서 정리하고 검토하세요.

유형	구성원	추천 이유	팀장의 코멘트	이견 여부
A Player				☐ 있음 / ☐ 없음
C Player				☐ 있음 / ☐ 없음

4. 논쟁 예상 항목 정리

- 사전에 이견이 있을 수 있는 사안을 정리하고 논의 전략을 세워두세요.

항목	우려 포인트	관련 데이터	논의 전략

5. 평가 이후 조정 필요 사항

- 평가는 끝이 아니라 **조정의 시작**입니다.

구성원	추가 코칭/피드백 필요 사항	조정 방향	책임자

☑ 셀프 체크

항목	점검 여부(✓)
평가 기준을 사전에 팀 전체에 공유했는가	☐
성과를 수치와 사례 모두로 기록했는가	☐
추천된 A/C 플레이어에 대한 근거가 명확한가	☐
논쟁 요소에 대한 준비가 충분한가	☐
평가 이후의 조정까지 계획하고 있는가	☐

7. Reward 워크시트

1. 공정하고 명확한 보상 기준 재확인

- 성과 기준과의 정합성을 확인하세요. 감정이나 관성이 개입되지 않도록 주의합니다.

보상 항목	기준 요약	적용 대상	검토 결과
성과급 차등	정량 목표 달성률 기반	전체 구성원	
포지션 이동	리더십 평가 기준	A Player 후보	
성장 기회 부여	성장 지표 및 피드백 반영	미들 퍼포머	

2. 보상의 형태와 방법 정리

- 금전적 보상 외에 의미 부여, 역할 확장 등 다양한 보상 수단을 검토하세요.

구성원	성과 수준	보상 형태	구체적 내용	전달 방식
	상	금전 + 성장 기회	차년도 프로젝트 리더	리더 직접 면담
	중	피드백 + 코칭 기회	외부 멘토링, 리더십 스쿨 추천	하위 리더 원온원
	하	개선 과제 제시	C Player 집중 육성 트랙	상위 리더 원온원

3. 인식의 공정성과 수용도 확보

- "보상이 공정하게 느껴지는가?"는 **평가 과정의 투명성과 설명력**에 달려있습니다.

구성원	보상 내용	수용 반응 예상	설명/피드백 계획
		긍정 / 애매 / 불만	

4. 인정의 방식 설계

- 구성원이 '**보상받았다**'는 **감정적 확신**을 느낄 수 있도록 하는 설계가 필요합니다.

구성원	인정을 위한 언어	전달자	시기	장소/형식
	"당신의 기여 덕분에 우리가 도약했습니다."	CEO	6월 초	타운홀 / 리더 원온원

5. 리더의 피드백과 연결

- 보상은 끝이 아니라, **다음 도전을 위한 출발점**입니다.

구성원	다음 기대	리더 피드백 메시지 예시
	핵심 인재로의 성장	"이번 기회를 발판으로 더 큰 역할을 기대한다."
	성과 개선 트랙	"이번 결과는 아쉽지만, 함께 변화해보자."

☑ 셀프 체크

항목	점검 여부(✓)
보상 기준이 성과평가와 정합성이 있는가	☐
보상의 내용과 이유가 명확히 설명 가능한가	☐
구성원이 자신의 보상을 '받아들일 수 있는 수준'인가	☐
보상과 피드백이 다음 성장과 연결되어 있는가	☐

캘리브레이션, 평가 너머의 세계

초판 1쇄 발행 2025년 4월 22일

지은이 최익성
편집 공홍 **마케팅** 임동건 **마케팅지원** 김다혜 **경영지원** 이지원
펴낸곳 플랜비디자인 **펴낸이** 최익성

출판등록 제2016-000001호
주소 경기도 화성시 동탄첨단산업1로 27 동탄IX타워 A동 3210호

전화 031-8050-0508
팩스 02-2179-8994
이메일 planbdesigncompany@gmail.com

ISBN 979-11-6832-169-4 (03320)